Harry Graf Kessler

LEBEN IN BILDERN

Herausgegeben von

Dieter Stolz

Harry Graf Kessler

John Dieter Brinks

DEUTSCHER KUNSTVERLAG

Für
Karl Richard Brinks

»Deshalb wächst seit zwanzig Jahren überall das Bedürfnis nach Kunst, nach den bildenden Künsten ebensowohl wie nach Musik und Dichtung. Aus dem Untergang ihres Glaubens an Religion, Liebe, Wissenschaft und Sich Selber retten die Schiffbrüchigen des Ideals den Kultus der Schönheit, – den Kultus dessen, was ihnen Schönheit ist: die momentane Vollendung ihres Ichs. Sie werden zur Kunst getrieben durch die Sehnsucht auf Augenblicke wenigstens ihre geschwächte Persönlichkeit stark, ihre zersplitterte Seele Eins, ihr flüchtiges Ich dem ewigen Wandel entrückt zu fühlen.«

Harry Graf Kessler: *Henri de Régnier*, 1895

Inhalt

Lebenszeit und Zeiterlebnis

La beauté est une promesse de bonheur.« Harry Graf Kessler hat diesen Aphorismus, den zwei Generationen zuvor Stendhal geprägt hatte, geliebt. Mehr noch, er glaubte in ihm eine wegweisende Wahrheit für ein Leben, ja einen Schlüssel für das eigene Leben erkannt zu haben. Er zitiert dieses Wort an zentraler Stelle in seinem ersten großen Essay über Henri de Régnier, den französischen Dichter des *fin de siècle*, der ihm als Leitfigur, aber auch als Leidensgenosse der eigenen Generation »zersplitterter Menschen« um 1900 diente. Und er stellt es in den Mittelpunkt seines späten Essays über Aristide Maillol, den französischen Bildhauer, der ihm als Inbegriff des Künstlers gelten wird, des zugleich spontanen und reflektierenden Künstlers. Was schwerer wiegen möchte, *beauté* oder *bonheur*, diese Frage sollte bis zu seinem Tode eine Saite in Kesslers Seele zum Klingen bringen.

Nun müssen wir alle für unser Leben zumeist zwischen den drei Visionen, die Schopenhauer aufgezählt hat, wählen: »etwas zu haben, etwas vorzustellen, etwas zu sein«. Also, grob gesprochen, nach Besitz oder Ansehen oder Persönlichkeit zu streben. Alle drei Möglichkeiten waren Harry Graf Kessler als Anlagen oder Gaben in die Wiege gelegt, wobei ihm die erste zugefallen war, die zweite von ihm als junger Mensch nach Kräften gefördert wurde und dies im Bewusstsein, die dritte, deren er sich sicher war, befestigen zu wollen. Dabei ahnen wir, dass der *bonheur* oft ein Versprechen bleiben wird, wird doch jeder Freund des Schönen einen schweren Stand im Leben haben. Es erstaunt, dass Schopenhauer einen vierten Ansatz, mit dem wir ins Leben treten können, nicht ins Spiel brachte: den Willen, etwas zu schaffen; zumal er in der Kunst die einzige Macht, um der zu leben sich lohne, erblickt hat. Nun bedarf im Unterschied zu den ersten drei Vorstellungen dieser Wille der Gnade, nämlich der Gnade, von dem Funken einer Schaffenskraft beseelt zu sein. Die-

Harry Graf Kessler 1897 zur Zeit seiner Mexikoreise.

Ch. Reutlinger
21, Boulᵈ Montmartre.

sen Willen hat Harry Kessler, damit schon ein außergewöhnlicher Mensch, sein Leben lang gehegt, zumal wenn die *fortune*, für den Franzosen die zweite Spielart des Glücks, sich nicht geneigt zeigte und er sich vergeblich bemühte, den Funken aus der Asche eines seiner Lebensträume zu schlagen.

Legenden umranken wenige bedeutende Lebensläufe des frühen 20. Jahrhunderts so farbig und so verführerisch wie den Harry Graf Kesslers, dessen Leben in den Augen der Zeitgenossen durch eine extravagante Vielseitigkeit, weniger durch bleibende Werke Konturen erhielt. Folgten wir seinem Weg allein mit Hilfe der Chronologie, müssten wir bald stutzen, stießen wir doch auf zwei miteinander verwobene Legenden eines eben noch eindeutigen Lebens.

So wurde Harry Graf Kessler, folgen wir der einen Legende, am 13. Mai 1868 in Paris in einen durch Eleganz und Esprit ausgezeichneten Haushalt der Großbourgeoisie geboren. Der durch lebenslangen Fleiß versammelte Reichtum seines Vaters, eines Hamburger Bankiers, wurde wenige Jahre nach Harrys Geburt überblendet durch einen auf Wunsch Kaiser Wilhelms I. verliehenen Adel, ja durch einen rasch folgenden Grafentitel, vor allem aber durch die strahlende Schönheit der Mutter, einer irischen Baronesse, die es zudem verstand, in ihrem privaten Theater durch exquisite Aufführungen und eigene Auftritte die Musen anzuziehen. Der junge Harry wuchs also mit drei Sprachen auf und war bald vertraut mit den Kulturen der drei prägenden Nationen Europas, nicht zu vergessen deren Wurzeln in der Antike. Er zitierte Shakespeare so flüssig wie Balzac und Goethe und las noch im hohen Alter Platon und Vergil im lebendigen Original. Dass der moderne, dabei so fragile Mensch nur durch den Rückgriff auf die Antike die Distanz und die Kraft zu einem zunehmend bedrohten Leben finden könne, blieb lebenslang seine Überzeugung. Diese Bedrohlichkeit des Lebens hat Harry Kessler – und hier erhebt eine zweite, die dunkle Legende, ihre Stimme – früh gespürt. Die Feindseligkeit der Franzosen gegenüber jedem Deutschen, der damals in Paris leben musste, war frisch. Die überstürzte Grafung des Vaters entsetzte das Preußische Heroldsamt und, was schwerer wog, amüsierte den ostelbischen Uradel. Der Mutter wurde in den Pariser Gazetten eine Affaire mit dem damals populären General Georges Boulanger angedichtet, was ihren Sohn bis zum Gedanken an Selbstmord zermürbte.

Der zwölfjährige Harry Kessler im Renaissancekostüm.

Nach einem eher nachlässig absolvierten Jurastudium publizierte Kessler im Jahre 1898 einen außergewöhnlichen Reisebericht, *Notizen*

NOTIZEN · ÜBER · MEXICO · VON · HARRY · GRAF · KESSLER

bei F. Fontane & Co
BERLIN
1898

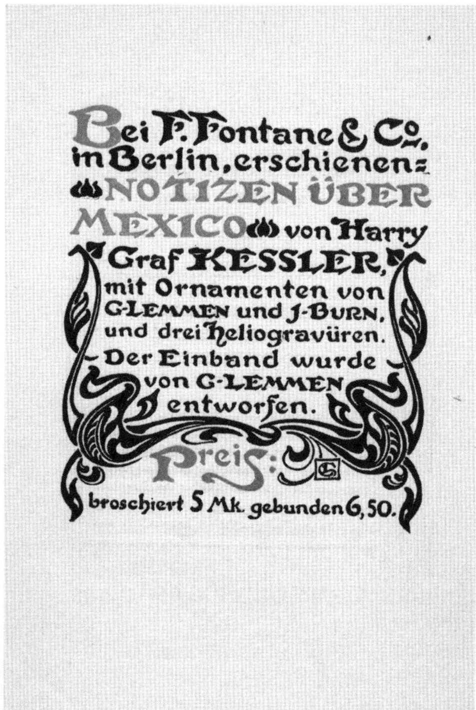
Bei F. Fontane & Co. in Berlin, erschienen: NOTIZEN ÜBER MEXICO von Harry Graf KESSLER, mit Ornamenten von G. LEMMEN und J. BURN, und drei Heliogravüren. Der Einband wurde von G. LEMMEN entworfen.

Preis:
broschiert 5 Mk. gebunden 6,50.

über Mexico, der nicht nur Landschaft und Leute schilderte, sondern beider Psychologie zu erfassen suchte. Er begründete damit seinen Ruf als Schriftsteller. Wenig später folgte er dem überraschenden Angebot des Großherzogs Wilhelm Ernst von Sachsen-Weimar, in Weimar ein Museum für Zeitgenössische Kunst zu leiten: in Wahrheit, um Weimar, wie Kessler plante, zu einem »Florenz der Jahrhundertwende« zu gestalten, das den wie so oft nachhinkenden Deutschen die Augen für die »Moderne« öffnen sollte, die in England und Frankreich seit Jahren blühende Kultur eines künftigen Europa.

Genau betrachtet blieb wenig von dieser legendären Aussicht, geschweige ihrer Erfüllung. So war der Ruf nach Weimar bereits in eine erste leere Lebensphase Kesslers ergangen, da das Auswärtige Amt den wohl allzu internationalen und ein wenig zu pressanten jungen Grafen hatte abblitzen lassen. Der Posten in Weimar versprach kein Gehalt und fand nach kaum drei Jahren durch einen alle Beteiligten verletzenden Skandal ein schäbiges Ende, wobei Kessler Recht behielt, aber Blut ließ. Für die Öffentlichkeit hatte er, zumindest was seinen *grand dessein* anbelangte, versagt.

In den Jahren vor dem Ersten Weltkrieg förderte Kessler viele Künstler Europas nicht nur durch seine Mittel, sondern auch durch seine Mitarbeit. So inspirierte er Hofmannsthal zu wichtigen Passagen des Librettos zum *Rosenkavalier* und erfand die für die Balance der Personenführung unverzichtbare Gestalt des Ochs von Lerchenau. Er inspirierte Maillol zu einer ersten Folge hinreißender Holzschnitte zu Vergils *Eclogen*. Er schrieb die Textvorlage zu der von Richard Strauss vertonten *Josephslegende*, deren Pariser Uraufführung, von den *Ballets Russes* getanzt, im Mai 1914 nicht nur zu einem grandiosen Erfolg wurde, sondern mit der das Alte Europa, obschon unbewusst, einen seiner Abschiede feierte.

Wenden wir die Medaille, waren es Jahre gewesen, die er mit zahllosen zerstreuten Aktivitäten, zumeist als Inspirator und Instigator führender Künstler verplant, aber durch kein Werk hatte erfüllen können. Waren es ungebundene Jahre gewesen, blieben es auch bindungslose, fast unverbindliche. So führte Kesslers enge Zusammenarbeit mit Hofmannsthal am Textbuch des *Rosenkavalier* zu einem Bruch zwischen beiden, der niemals heilte. Kesslers für die Psychologie des Librettos wichtiger Beitrag sollte kaum je gewürdigt werden, wenn bis in unsere Jahre der strahlende Welterfolg der Oper gefeiert wird.

Der Student Harry Kessler als junger Herr. Hamburg, 1888.

Verlagsprospekt und Titel von Kesslers erstem, 1898 erschienenem Buch *Notizen über Mexico*, nach Entwürfen von Georges Lemmen.

Im Weltkrieg kämpfte Harry Kessler zwei Jahre lang als Offizier, zuerst in Belgien, dann in den Karpaten. Später erhielt er den Auftrag, an der Gesandtschaft in Bern ein Gegengewicht zu der im neutralen Ausland erfolgreichen französischen Kulturpolitik ins Spiel zu bringen. In der Schlussphase des Kriegs vertrat Kessler für fünf Wochen die deutschen Interessen als Gesandter in Warschau. Der Zusammenbruch aller Ordnungen durch den Großen Krieg hatte für Kessler zwar nicht wie für so viele Zeitgenossen einen siegesseligen Aufbruch bedeutet, ihm aber doch zum Ausbruch aus einer bedrückenden seelischen Situation verholfen. Nach zwei Jahren zwang ihn eine Nervenkrise, sich von der Front ins friedliche Bern überstellen zu lassen, wo er wenig mehr ausrichten konnte als den Kriegsverlauf zu kommentieren. Seine Mission in Warschau endete, allerdings ohne sein Verschulden, als Fiasko.

In den zwanziger Jahren setzte Kessler sich tatkräftig für die hungernden Kinder im Nachkriegs-Berlin ein und für einen pragmatischen Pazifismus, gekrönt vom eigenen Entwurf der *Richtlinien für einen wahren Völkerbund*. Beides führte zu der Legende, er sei ein »Roter Graf«. Dabei war er weder ein rechter Graf noch ein zünftiger Roter, verteilte vielmehr seine Sympathien auf Liberale und Sozialdemokraten. Was die Außenpolitik betraf, begrüßte er einen Ausgleich mit Russland und Frankreich in zeitweise enger, aber nie einflussreicher Fühlungnahme zuerst mit Rathenau, später mit Stresemann. Waren ihm hier bereits enge Grenzen gesetzt, scheiterte Kessler in der Innenpolitik bei seinem Versuch, im Jahre 1923 das Reichstagsmandat im Kreise Lippe für die liberale Deutsche Demokratische Partei zu erringen. Dies sollte Kesslers letzter Anlauf gewesen sein, mehr als nur ein brillanter Beobachter der politischen Strömungen in Berlin und in Europa zu werden.

Die zweite Hälfte der zwanziger Jahre sah die abrupte Wendung Kesslers vom politischen Agieren zum ästhetischen Schaffen. Er warf sich auf die Arbeit in seiner Cranach Presse in Weimar, beschäftigte zeitweilig zweiundzwanzig Angestellte, die er fürstlich entlohnte, und ließ in wenigen Jahren ein knappes Dutzend hinreißend schöner Bücher drucken, jedes ein von ihm gestaltetes Gesamtkunstwerk. In unseren Tagen ist die Cranach Presse selbst zu einer Legende geworden und drei ihrer Hauptwerke werden zu den schönsten Drucken des 20. Jahrhunderts gezählt. Auch hier dürfen wir die andere Seite der Medaille nicht übersehen. Mit einer Ausnahme brachte es kein Werk zu einem finanziellen Erfolg, und 1931 blieben angesichts der

Kessler im Rock der Garde-Ulanen, um 1916.

Harry Graf Kessler in seinem Arbeitszimmer in der Köthener Straße 28 in Berlin. Foto vom 24. April 1919.

wirtschaftlichen Notlage die wenigen reichen Käufer aus, die Kesslers teure Bücher hätten bewundern können. »Mit Tränen in den Augen« musste er seinen über zwanzig Angestellten kündigen und die Presse, allen Versuchen einer Belebung durch frische finanzielle Mittel zum Trotz, schließen.

Seit seiner Jugend war Harry Graf Kessler ein Gesellschaftsmensch gewesen. In den zwanziger Jahren führte ein Sekretär eigens Protokoll, und nicht selten füllten zwei, drei oder vier Besuche den Kalender eines Tages: Besuche von Matineen und Soireen, von Diners und Bällen, von Premieren und Vernissagen. Kärrner haben kompiliert, dass Kessler in seinen Tagebüchern über zwölftausend Personen zumeist als Gesprächspartner erwähnt, von Einstein bis Proust, von Shaw bis Strawinsky, von Rathenau bis Stresemann, von Rodin bis Picasso, zu schweigen von vielen bedeutenden deutschen, französischen, englischen Künstlern und zahlreichen führenden europäischen Politikern.

Wiederum steht die glänzende Bühne vor einer dunklen Kulisse. Denn Kessler war, obwohl selten allein, ein einsamer Mensch. Er hat nie eine Frau umworben. Er hatte, seine innig geliebte Schwester Wilma im fernen Frankreich ausgenommen, keinen Familienkreis. Bitterer noch, er hatte keinen einzigen wahren Freund. Zu Tisch in Weimar – ein von Henry van de Velde entworfener, hinreißend schlanker weißer Esstisch – servierte ein weißbehandschuhter Diener. Allein, Kesslers Gesellschaft bestand zumeist aus seinen geliebten Hunden, denen er, dem greisen Friedrich und dem greisen Bismarck gleich, sein ganzes Zutrauen schenkte. Bereits im Frühjahr 1933 zur Emigration gezwungen, starb Harry Graf Kessler 1937 isoliert in der französischen Provinz, so verarmt, dass die Schwester ihm ein jedes seiner weißen Taschentücher bezahlen musste. Bei der Beerdigung in Paris folgte zum Erstaunen der Erschienenen keiner der vielen Künstler, die er so lange so großherzig gefördert hatte, Kesslers Sarg.

Zu seinen Lebzeiten wusste fast niemand von dem Tagebuch seines Lebens, das er zumeist in den Nachtstunden geführt hatte. Kessler war vertraut mit der Vergangenheit, erfuhr aber, das Tagebuch beweist es, die Gegenwart eines jeden Tages als ein »kleines Leben«, wie Nietzsche es formuliert hat. Dieses Grundgefühl suchte er zu steigern, indem er, für Zeitgenossen wie Hofmannsthal oder Bodenhausen allzu atemlos und fahrig, unermüdlich nach dem »Neuen« suchte, also auf die Zukunft hin dachte und lebte. Er hielt die Vergangenheit des Tages als Gegenwart fest, dabei fast immer als Wegbereitung der

Zukunft. Wichtig bleibt, dass seine so zahlreichen Begegnungen und Bemühungen, Anregungen und Arbeiten auf all den Lebensgebieten der Kultur, Politik, Gesellschaft gleichzeitig erfolgten. Dies brachte die Gnade der Inspiration durch steten Vergleich und stetes Verbinden mit sich, aber auch – hier hebt die zweite Legende ihr Haupt – den Fluch der »Zersplitterung« durch stetes Vagieren zwischen allzu vielen Möglichkeiten.

Die meisten der achtundfünfzig überwiegend in Saffian gebundenen Bände des Tagebuchs moderten nach seinem Tode in einer Truhe des verfallenden Schlosses seiner Schwester, ein Teil ruhte für Jahrzehnte im Safe einer Bank in Barcelona. Harry Graf Kessler blieb, bis die ersten Bände als Notverkäufe seines Schwagers Ende der fünfziger Jahre auftauchten, für die folgende Generation ein vergessener Mensch. Sein Leben schien, wie er selbst einmal formuliert hat, ein »versäumtes« zu sein, zu bleiben. Ob sein Leben ein glänzendes und fruchtbares war, dies die eine Legende, oder ein zerstreutes und tatenarmes, dies die zweite, stehe vorab dahin. Wir werden versuchen zu verfolgen, wie die eine Legende in die andere verschlungen war, wann die eine die andere aus welchen Gründen überlagerte und welche Akzente in einem so vielseitigen, vielköpfigen Leben die Schwerpunkte markieren.

Harry Graf Kessler selbst dachte »in Lebensabschnitten«. Wir können sechs Lebenskreise erkennen, die einander folgen, in denen er das Schwergewicht auf einen jeweils bestimmenden Sektor seines Lebens verlagert und die übrigen Felder seiner Tätigkeit in den Halbschatten rücken – ohne dass sie ihre Präsenz und Faszination einbüßen. Was mit sich brachte, dass ihm durch diese permanente vielfache Attraktion fast immer der Atem genommen wurde, sich voll in den Dienst einer einzigen Sache zu stellen, sich ganz auf eine Aufgabe werfen zu können. Den ersten in dieser Folge der Lebenskreise sehe ich dominiert durch die jahrelang gesteigerte Erwartungshaltung, das Reich von der Provinz aus in die »Moderne«, eine Moderne der Kunst und der Kultur, führen zu können; den zweiten bestimmt von dem Versuch, in der Zuarbeit oder Zusammenarbeit mit führenden Künstlern eine Erfüllung zu finden. Der dritte Kreis steht im Spannungsfeld von Krieg und Politik und wird in einem vierten abgelöst von Kesslers Konzentration auf die Gestaltung schöner Bücher. Im fünften Kreis sucht er verstärkt eine Befriedigung als Gesellschaftsmensch, im sechsten sieht er sich darauf beschränkt, seine Lebensberichte zu redigieren. Wir wollen versuchen, seine Antworten auf jede der sechs Herausforderungen ins Licht zu rücken.

Kessler im Pariser Exil, Exemplare der französischen Ausgabe seiner Erinnerungen *Souvenirs d'un Européen* signierend. Aufnahme vom 26. Oktober 1936.

Ein Liebling der Götter

Wenn im Jahre 1900 – das Reich Wilhelms II. stand im Zenit politischer Macht, freilich auch auf einem Tiefpunkt kultureller Ausstrahlungskraft –, wenn im Berlin der Jahrhundertwende der Blick auf den eben dreißigjährigen Grafen Harry Kessler fiel, so sprach man, ob im Kreise der Hofgesellschaft oder in den Gruppierungen der Künstler, gerne von dessen vielversprechender Brillanz, die in einer seltenen Verbindung von Esprit und Charme, von Wissen und *élan vital* Gestalt gewonnen hatte. Diese Konfiguration erregte Aufsehen, bot aber nicht einmal alles, was man, die Neider ausgeklammert, in seiner Person versammelt finden konnte.

Er war jung, er war reich, und er war zeitlebens ein schöner Mann. Er verfügte über eine hohe Intelligenz. Dabei über so viel Kultur, dass sie ihn nie zu einem frühreifen und lebensfernen Intellektuellen verblassen ließ, ihm vielmehr eine gesicherte und zugleich außergewöhnliche Stellung auf der mondänen wie auf der artistischen Ebene der Berliner, ja der europäischen Gesellschaft eingetragen hatte. Wo waren seine Möglichkeiten bisher auf Aufgaben gestoßen? Er gehörte dem Vorstand des *PAN* an, der führenden, wenngleich kurzlebigen Zeitschrift für Kunst und Literatur der europäischen Avantgarde. Eben hatte er ein von vielen Stimmen gelobtes Buch über Mexiko geschrieben, weit mehr als nur Notizen, vielmehr eine Studie zur Psychologie eines Volkes, das stärker in der Vergangenheit als in der Gegenwart lebte. Viel, nicht zuletzt der breite Fächer seiner Fähigkeiten, deutete auf eine glänzende Karriere als Diplomat hin. Dabei war sich Kessler seiner Singularität durchaus bewusst. Die Frage war, welche Taten er seinen Gaben und Begabungen abgewinnen könne.

Drei Jahre später. Harry Graf Kessler hat sich dafür entschieden, den Königsweg seines Lebens vorerst auf den Feldern von Kunst und Kultur, nicht auf der Ebene der Politik zu suchen. Als Museums-

Auguste Rodins Skulptur *L'Age d'Airain* von 1876 war für Kessler das Symbol eines unabweisbar anbrechenden *Eisernen Zeitalters*. Die junge Großherzogin von Sachsen-Weimar-Eisenach, Caroline Reuß zu Greiz, trug zum Ankauf des Werks aus Kesslers Rodin-Ausstellung bei.

Eröffnung der Rodin-Ausstellung in Weimar 1904. In der Mitte im Vordergrund Henry van de Velde stehend im Gespräch mit dem Archivdirektor Bernhard Suphan; links sitzend Elisabeth Förster-Nietzsche in einem von Henry van de Velde entworfenen Kleid.

direktor in Weimar veranstaltet er bahnbrechende Ausstellungen von Künstlern wie Rodin und Monet, von Cézanne und Gauguin, die den Deutschen bisher fast unbekannt waren. Allerdings verbrachte er den größten Teil des Jahres auf Reisen in die europäischen Metropolen, wo er neben vielen verstreuten Projekten bedeutende Werke des Architekten Henry van de Velde, des Theaterkünstlers Edward Gordon Craig, des Bildhauers Aristide Maillol förderte, mitunter inspirierte.

Schon bald betrachtete Kessler sich als Schlüsselfigur angesichts der Fragestellung, ob das machtbewusste Reich der Deutschen auch so hungrig nach Kultur sei, dass es den Anfang eines Jahrhunderts als einen Aufbruch in die Moderne nicht nur mitfeiern, sondern die Führungsrolle in Europa übernehmen wolle, eine Führungsrolle, die es zuletzt in der Goethezeit eingenommen hatte und die seither Frankreich und auch England zugefallen war. Wegweisenden Ansätzen wie dem Impressionismus der Franzosen oder dem *Arts and Crafts Movement* der Angelsachsen hatten die Deutschen um 1900 nichts entgegenzusetzen. Nur durch Nachfolge, durch Einverleibung des so lange Fremden und die allermeisten Bürger immer noch Befremdenden, konnte man gleichziehen mit jener vielbeschworenen Moderne und musste nicht, selbst im Vergleich zu kleineren Nationen wie Belgien oder Dänemark, nachhinken. Wer besser als Harry Graf Kessler könnte die Funken aus der vielleicht schlummernden Glut im deutschsprachigen Raum schlagen, er, der mit einem Hofmannsthal, einem Rilke und einem Gerhart Hauptmann, mit Max Liebermann und mit Max Klinger auf vertrautem Fuße stand?

Fünf Jahre später. Vorgestern, an einem Novembertag des Jahres 1905, hatte Kessler in Weimar Henry van de Velde zu einem Spaziergang getroffen, später hatte er mit Elisabeth Förster-Nietzsche diniert, der eigenwilligen Verwalterin des Nachlasses ihres Bruders. Übermorgen wird er in London sein, wo er einen von führenden deutschen und englischen Künstlern gezeichneten Brief organisieren will, der *Zur Förderung deutsch-englischer Freundschaft* dienen soll, zur Verbesserung von Beziehungen, die inzwischen angesichts der deutschen Unberechenbarkeit labil geworden waren. Der Brief wird in der *Times* erscheinen und erhebliches Aufsehen erregen, allerdings keine Folgen zeitigen. Drei Tage später ist Kessler in Paris, zwei Tage später wieder in Weimar, um in Jena einen Vortrag über *Kunst und Patriotismus* zu halten, die in seinen Augen derzeit nicht unversöhnlichen Pole der europäischen Kultur – und seines Lebens.

Edvard Munchs Ölbild Kesslers, entstanden Mitte Juli 1906 in Weimar, wenige Tage nachdem Kessler sein Entlassungsgesuch eingereicht hatte.

Die Nacht des 14. November in diesem Reigen der Reisen. Kessler beugt sich über sein Tagebuch und resümiert seine Stellung im Leben, seinen Stand im Fluss der Zeit: »Mir überlegt, welche Wirkungsmittel ich in Deutschland habe: d. Deutschen Künstlerbund, meine Stellung in Weimar inclusive d. Prestige trotz des grossherzoglichen Schwachsinns, die Verbindung mit der Reinhardtschen Bühne, meine intimen Beziehungen zum Nietzsche Archiv, zu Hofmannsthal, zu VandeVelde, meine nahen Verbindungen mit Dehmel, Liliencron, Klinger, Liebermann, Ansorge, Gerhart Hauptmann, ausserdem mit den beiden einflussreichsten Zeitschriften Zukunft und Neue Rundschau, und ganz nach der anderen Seite zur Berliner Gesellschaft, Harrachs, Richters, Sascha Schlippenbach, dem Regiment, und schliesslich mein persönliches Prestige. Die Bilanz ist ziemlich überraschend, und wohl einzig. Niemand anders in Deutschland hat eine so starke, nach so vielen Seiten reichende Stellung. Diese ausnutzen im Dienste einer Erneuerung Deutscher Kultur: mirage oder Möglichkeit? Sicherlich könnte Einer mit solchen Mitteln Princeps Juventutis sein. Lohnt es der Mühe?« Die Schlussfrage stellt sich Harry Kessler durchaus nicht rhetorisch, vielmehr enthüllt sie seine Gemütsverfassung. Jeder andere hätte sich angesichts einer solchen Aufgabe gefragt: Kann ich das schaffen? »Lohnt es der Mühe«, das konnte sich nur ein sehr selbstbewusster Mann mit einem Fächer von Möglichkeiten fragen, ein Souverän des Lebens.

Dabei eröffnen zwei Schlüsselsätze weitere Einblicke in Kesslers Gedankenwelt. Der erste gilt der Feststellung, »niemand anders habe eine so starke, nach so vielen Seiten reichende Stellung«. Der bezeichnende Akzent seiner Beweisführung liegt in der Wendung »nach so vielen Seiten«. Der selbstsichere junge Graf glaubte also, gerade in dieser Vielseitigkeit eine Stärke erkennen zu dürfen. Er wusste, dass in kaum einer Kultur Europas, die athenische, die florentinische und die ferraresische ausgenommen, die Gesellschaft eine genuine Neigung zum Geist besessen hatte – und wenn, dann vor allem als eine Gesellschaft von Sammlern. So verehrte man am Berliner Hofe immer noch Anton von Werners »soßiges Braun«, wie Kessler spottete, während zur gleichen Zeit ein Edvard Munch in seiner Berliner Dachkammer verhungert wäre, hätten Kessler und seine Freunde ihn nicht alimentiert. Auch führte im Jahre 1905 bereits jeder Gassenjunge herausgerissene Zitate von Nietzsche im Mund wie die Parole vom »Willen zur Macht«. In der höheren, damals fast durchweg adligen Gesellschaft Berlins galt der dichtende Philosoph als Revolutionär, als Umwälzer – wenn man überhaupt an ihn dachte.

Kesslers Exlibris von Georg Sattler (1896) und Georges Lemmen (1898), die zugleich für zwei Spielarten des Jugendstils stehen.

Somit war Kesslers Stellung zu Recht »einzig«: weil niemand in zwei oder drei Lagern des Lebens mit unterschiedlicher Weltsicht zu Hause war wie er. Bestand doch in seinen Augen Kultur vor allem in der Durchdringung der Gesellschaft mit Geist und ihrer Befreundung mit einer Formensprache, die allein die Kunst schenkt. Kesslers Vorteil lag bislang darin, Verbindungen in alle Lager zu unterhalten. Verbunden hatte er sie bisher nicht. Hier aber lag die eigentliche Schwierigkeit. Das hatte sich gezeigt, als Kessler dem um die Jahrhundertwende bedeutendsten Gestalter der Moderne in Europa, dem genialischen Henry van de Velde, die Tür zu wichtigen Salons der Berliner Gesellschaft geöffnet hatte, dort mit drei Vorträgen seine Philosophie von der Schönheit der Dinge als einem Unterpfand des Glücks vorzustellen. Man amüsierte sich über van de Veldes mangelhaftes Deutsch, war frappiert von seiner mitreißenden Rhetorik, auch touchiert von seiner erotischen Ausstrahlungskraft; allein, seinen Worten folgte keine Tat – nicht ein einziger Auftrag, die Wohnung eines der Höflinge als künstlerisches Ensemble zu gestalten, als einen modernen Lebensraum. Niemand fand Gefallen an Kesslers Überzeugung, alles komme darauf an, der Kunst den beherrschenden Platz im Leben einzuräumen und dies »ganz besonders in der Gestaltung ihrer täglichen Umgebung, ihrer Gebrauchsgegenstände, Wohnräume, Lebensatmosphäre«. Denn allein auf diesem Weg eröffne sich dem *homme moyen* die einzigartige, aber auch einzige Möglichkeit, sein Leben von der Kunst auskleiden, wenn nicht bestimmen zu lassen und darüber »Lebensfreude« zu empfinden. Nicht der Besuch im Museum, nicht der Ankauf eines Wandschmucks, sondern das umfassende und einträchtige Leben mit von Künstlern gestalteten Dingen könne dann die breite und tiefe Wirkung erzielen, die eine »Erneuerung Deutscher Kultur« zu bilden vermöchte – und das Wort einlösen, die Schönheit verspräche das Glück. Rilkes Bitte an das Leben, »Die Dinge singen hör ich so gern«, schien eine Entsprechung zu finden.

Den zweiten Schlüsselsatz zum Verständnis seiner Überlegungen liefert Kesslers Erwägung, »sicherlich könne einer mit solchen Mitteln Princeps Juventutis sein«. Aber welche Mittel, welche Macht oder welchen Einfluss besaß er eigentlich? Mit seinen siebenunddreißig Jahren war er nicht mehr jung. Er war immer noch reich oder doch sehr wohlhabend. Seine markanten Züge stachen immer noch hervor, aber dies taugte kaum als Mittel, durch eine »Erneuerung Deutscher Kultur« das Glück des Vaterlands zu vermehren. Seine offizielle Stellung als Leiter eines Museums im provinziellen Weimar war zweit-

rangig. Sein Reisebuch hatten wenige, seinen glänzenden Essay über Henri de Régnier, einen französischen Dichter, den niemand kannte, nur einige Freunde gelesen. Ähnlich dem Helden Musils, der in einer anderen Monarchie über eine *mirage* seine Eigenschaften eingebüßt hatte, drohten Harry Kessler seine Möglichkeiten zu entgleiten. Wohl hatte der Traum von der Erneuerung deutscher Kultur unter seiner Hand erste Konturen angenommen: Er wollte ein »Drittes Weimar« schaffen, ein Ilm-Florenz. So schrieb er im Dezember 1902, hingerissen von der eigenen Vision, an Henry van de Velde: »Nous pourrons faire de Weimar une vraie cour de la Renaissance.«

Ein weiteres Jahr später. Im Juli 1906 musste Kessler infolge eines Skandals von seinem Posten zurücktreten. Die Schuld lag auf der anderen Seite, auf der Seite des Hofes; allein, er konnte sich nicht von einer jener Nachlässigkeiten freisprechen, die seine allzu häufige Abwesenheit von Weimar nur zu wahrscheinlich gemacht hatte. Er hatte zugelassen, dass anlässlich einer von ihm organisierten Ausstellung der Künstler, Auguste Rodin, dem Großherzog ein hinreißend schönes Aquarell hatte widmen dürfen, das als Rückenakt ein nacktes junges Mädchen in der Hocke zeigte, wobei es dem neuen Besitzer sein bezauberndes Gesäß entgegenstreckte. Anstoß konnte es nicht so sehr durch die erotische Ausstrahlungskraft erregen als durch die, gelinde gesagt, unbedachte Wahl des Künstlers, einem Fürsten ein Modell in dieser außergewöhnlichen Pose zu offerieren. Dass dies keineswegs einer hintergründigen Absicht Rodins entsprach, dessen Liebe für jede Rundung des weiblichen Körpers jedes seiner lange sekretierten Aquarelle bezeugt, liegt auf der Hand. Weimar allerdings, immer noch eine Provinz des Geistes, noch immer eher Krähwinkel als Florenz, »kochte«.

Die Schönheit hatte das Unglück nicht verhindern können. Kesslers Versuch, durch seine Verbindungen ein Bündnis von Gesellschaft und Geist zu schließen, war gescheitert. Es war bei der *mirage* geblieben. Er musste den einzigen halben Posten, den er je im Leben bekleiden würde, preisgeben. Sein Name stand fortan im Zwielicht eines frühen Versagens und einer, wenngleich nicht verdienten, Schuld. Eben noch der Liebling der Götter, stand Harry Kessler jetzt mit leeren Händen und einem leeren Herzen da, ein möglicher Mittler, dessen Jugend geschwunden und dem der Griff nach einem Prinzipat – der Römer verstand, was Kessler wohl bewusst war, unter *princeps* immerhin den Stellvertreter des Kaisers – entglitten war. Dabei hätte es, um seinen eigenen Worten zu folgen, »der Mühe gelohnt«.

Aristide Maillols *La Méditerranée* von 1904/05, Kesslers liebster Besitz, den er Mitte der zwanziger Jahre verkaufen musste. Kessler verwendete sie auch als Wasserzeichen für das Maillol-Kessler-Bütten. Die Figur galt ihm als Symbol für die Aussicht, Schönheit und Individualität für die Moderne fruchtbar machen zu können.

HAHN NA
Dresde

Ein Adjutant der Künstler

Der zweite Lebenskreis Kesslers umfasst neun Jahre, den Zeitraum von 1906 bis 1914. Er setzte ein mit einem schweren Rückschlag, der Demission als Leiter des Weimarer Museums. Er schließt sich mit dem Ausbruch eines Weltkriegs, dem Zusammenbruch einer alten Welt, in der sich Kessler vier Jahrzehnte lang, selbst ohne Heimat, zu Hause gefühlt hatte. Wer fällt, steht auf, oder er bleibt liegen. Erhebt er sich, benötigt er zumeist die helfende Hand von Freunden oder die inspirierende Aussicht auf ein neues Lebensziel, auf einen neuen Lebensraum. Harry Graf Kessler warf sich – nach einer halbjährigen Einsamkeit an der normannischen Küste, wo er frischen Atem schöpfte – auf die Kunst. Wer als Prinzipal der deutschen Kultur gescheitert ist, wird das Besondere dem so gefährlichen Allgemeinen vorziehen. Die Frage war, wie dieser neue Zugriff erfolgen sollte: Würde Harry Kessler als Schöpfer eines Meisterwerkes, das der Freundeskreis seit jeher von ihm erwartete, als Phönix der Asche entsteigen oder lediglich als Agent fremder Kunstwerke?

Ein Werk, ein Kunstwerk, so bekannte Kessler in einem seiner ersten Briefe nach der Verabschiedung in Weimar, »brauche er für seine geistige Gesundheit«. Wie dankbar ist der Betrachter eines Lebens für eine solche Aussage, bezeugt sie doch, dass ein Individuum das Kunstwerk nicht nur »um der Sache willen« schaffen will, damit einer sehr deutschen Einstellung entsprechend, sondern um der Harmonie seiner Seele willen. Kessler bezog damit die extreme Gegenposition zu Marcel Prousts Auffassung des *autre moi*, der jede Deutung des Werks vom Leben des Künstlers her ablehnte. Proust, mit dem Kessler übrigens in Paris einmal zusammentraf und der ihn in seiner *Recherche* erwähnen wird, forderte ein Verständnis des Kunstwerks allein aufgrund der Ästhetik des Werks. Kessler verlangte in dieser Lebensphase nach einem Kunstwerk als Balsam für sein geschundenes Ichgefühl, ja als notwendige und einzig stichhaltige Sinngebung seines Lebens.

Hugo von Hofmannsthal in Kesslers Arbeitszimmer in Weimar, Anfang Dezember 1907. Foto von Harry Graf Kessler.

Der Sänger Ludwig Ermold als Baron Ochs von Lerchenau. Kessler hatte die Figur für den *Rosenkavalier* erfunden. Szenenfoto von der Premiere am 26. Januar 1911 in Dresden.

Edward Gordon Craig: Entwurf für ein Bühnenbild zu Hofmannsthals *Elektra*, zugleich Frontispiz für seine Schrift *Die Kunst des Theaters*, Leipzig 1905.

Aber ein Kunstwerk kommandiert man nicht. Wenn es entsteht, kann es dem Künstler helfen, die Spannungen seines Lebens auszutragen. Dass es Form annimmt, verdankt es dem Ingenium des Artisten, nicht der Bedrängnis eines Lebenskünstlers. So zogen sich diese neun Jahre bis zu dem nicht unerwarteten, aber kaum absehbaren Ausbruch des Weltkriegs für Kessler hin als *barren years*, was seinen Anspruch ans Leben betraf. Seine einzige abgeschlossene Arbeit blieb ein im ersten Teil so brillanter wie bewegender Essay über die Lebensmacht der Antike und ihre Bedeutung für die Moderne – und blieb doch weitgehend übersehen als eine bloße Besprechung von Gerhart Hauptmanns Reisebuch *Griechischer Frühling*.

Wenn es kein Kunstwerk zu produzieren vermag, bleibt dem Individuum eine Alternative: entweder die Beobachtung, die Förderung, vielleicht sogar die Teilhabe an Werken führender Künstler oder die Stilisierung des Ichs zum Kunstwerk. Kessler stand, wie er selbst es einschätzte, nur der erste Weg offen. Dass sein Leben nicht mehr zum Kunstwerk taugen würde, wusste er. Immerhin hatte er im Sommer 1905 mit seiner Gestalt den Vorwurf zu einem Kunstwerk geliefert, zu einem der herausragenden Porträts der europäischen Kunstgeschichte: zu Edvard Munchs lebensgroßem Bildnis Kesslers als eines Dandys. Eines Dandys, der auf den ersten Blick vor allem »steht«, der sich als Individuum behauptet. Aber der sich, und in dieser Einfühlung beweist sich die Meisterschaft Munchs, auch »stützt«, sich in einer nivellierenden Übergangszeit behaupten muss. Beide Facetten entsprechen der Devise »Und doch«, die Kessler einst dem Künstler Georg Sattler für sein erstes Exlibris vorgegeben hatte.

Maßgeblich blieb allein die erste Option: fehle es an Kraft für ein eigenes Werk, die Werke anderer zu fördern. Denn über all diese neun Jahre hin, an deren Ende er die Mitte seiner Vierziger erreicht hatte, verfolgte seine Freunde und ihn die Erwartung, ein eigenes Kunstwerk, eben das bahnbrechende und umfassende Werk über die Kunst der Moderne, zu schreiben. Die Hoffnung trog. Trotz zahlloser Besuche in Europas wichtigen Museen und Sammlungen, trotz seitenlanger Notizen über die Maler und die Bildhauer, über ihre Farben und ihre Linien, über ihre *sujets* und *valeurs*, Kessler fand nie den Anfang, ließ aber auch nie von seinen Bemühungen ab. Was ihn, den verhinderten Künstler, somit faszinieren musste, war, einem leibhaftigen Künstler bei seinem Schaffensprozess über die Schulter schauen zu dürfen – mit der stillen Reserve, vielleicht von ihm lernen zu können. Nichts hinderte Harry Kessler, junge und alte Künstler im weiten

Das von Henry van de Velde gestaltete Esszimmer in Kesslers Weimarer Wohnung. In die weißgetäfelte Wand ist oben ein Fries von Maurice Denis eingelassen. Die weiß gehaltenen Möbel sind violett bezogen. An der Wand rechts eine Fassung von Renoirs *Marchande de pommes* von 1890.

Im Vergleich dazu ein zeitgenössisches großbürgerliches Speisezimmer: das Neorenaissance-Esszimmer der von Hans Grisebach 1893 errichteten Kammerpräsidentenvilla Wernigerode.

Europa mit seinen reichen Mitteln zu fördern. Wichtiger war ihm, sie zu inspirieren. Sein Herz und sein Geist standen in Flammen, wenn er an einem Kunstwerk teilhaben konnte, für das er, sei es durch Idee oder Inspiration oder Exekution, einen Beitrag leisten konnte.

Ein Beispiel aus einer langen Reihe: Im Mai 1909 verdichtet sich der bisher lose Briefwechsel zwischen Kessler und Hugo von Hofmannsthal zu einem raschen Austausch seitenlanger Korrekturen – aber auch Vorschläge. Es ging um das Libretto der Oper, die unter dem Namen *Der Rosenkavalier* bald ihren Siegeszug durch die Welt antreten sollte, einem Namen, den Kessler übrigens als parfümiert verabscheute. Ihm ging es vor allem um die Figur des Ochs von Lerchenau, die er erfunden hatte, und bald wird Hofmannsthal einräumen, die Marschallin »und Ochs, als Gegenpole«, seien »die Hauptperson«. Kessler sieht die Figuren des Spiels immer *comme psychologue*. Er kritisiert, und nur so wirkt Kritik, im Detail: etwa bei der großen Arie des Ochs im Ersten Akt, wenn Hofmannsthal dem Ochs, in Kesslers Augen ein »Zweckmensch«, das preziöse Wort »jungmüde« in den Mund legen zu müssen glaubt: »Nein, wirklich, diese Arie geht nicht; sie macht eine ganz andere Figur aus Ochs, *zu der die Handlung nicht paßt*. Ochs muss doch *dumm* sein: dass ist absolut essentiell. Wie soll man aber einen Menschen für dumm hinnehmen, der die aller raffiniertesten, Tizianischen Landschaftseindrücke hat?«

Hofmannsthal akzeptiert. Und korrigiert in diesem Falle, bleibt jedoch zumeist dem eigenen Stilgefühl treu. Für Kessler befestigt sich das Gefühl, mitgearbeitet zu haben, schöpferisch, wegweisend, nicht nur verbessernd. Der Ochs bleibt »seine« Erfindung; er fühlt sich verantwortlich für die Psychologie dieser, wie er mit Recht glaubt, unentbehrlichen Spielfigur der Oper, deren fragwürdige Vitalität erst die fragile Spielwelt der Marschallin in eine Balance setzt.

Doch plötzlich spitzt sich die Situation zwischen Künstler und Inspirator zu: Ein kalter Luftzug durchweht den dank der gemeinsamen Begeisterung immer vertrauteren Austausch der beiden vermeintlichen Freunde. Hofmannsthal hat dem fertigen Text eine Widmung vorangesetzt: Dem Grafen Harry Kessler als »dem Helfer«. Kessler ist verletzt, verstört von dem stumpfen Blick des Dichters. Schon Bismarck hatte einst die Brauen gehoben, als Wilhelm II. ihn zum bloßen »Helfer« seines Großvaters erklären wollte. So sieht auch Kessler sich nicht als Helfer, sondern als »Mitarbeiter«. Hofmannsthal antwortet gespreizt, das Wort »Mit-arbeiter«, das nahe gelegen

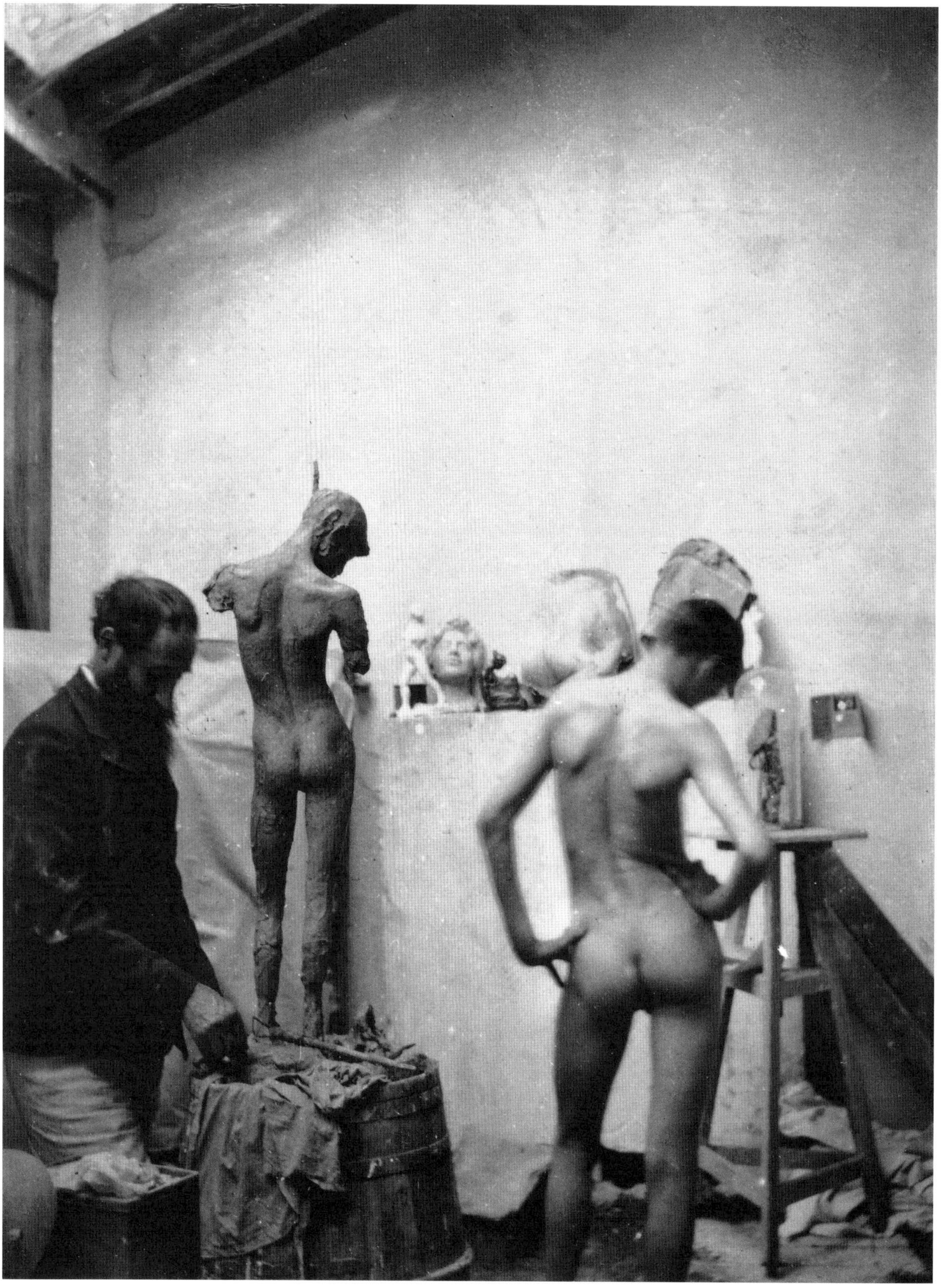

habe, sei »eines der zusammengesetzten deutschen Wörter, die ich minder liebe«. Kessler zeigt ihm verbittert die Schulter und bittet ihn: »Jetzt, wo die Sache eine solche Wendung ins Mäßige genommen hat [...], deine erste Absicht, falls sie dir nicht verleidet ist, auszuführen. Ich werde mich freuen das Werkchen aus deiner Hand anzunehmen«. Die unnötig herabsetzende Einstufung der Oper als ein »Werkchen« verrät, wie stark Kessler verwundet ist. Bald bekennt er, »tief erregt« zu sein. Und Hofmannsthal weiß keine heilenderen Worte, als dass seine eigene »Erregung [...] jetzt einer viel tieferen Traurigkeit gewichen« sei. Der Riss, den das Vertrauen des einen wie des anderen erlitten hat, sollte sich, verstärkt durch zwei weitere Dissonanzen, bis zu Hofmannsthals Tod nie mehr schließen.

Was uns jenseits dieses Falls eines fatalen, fast tragischen, aber nicht sinnlosen Missverstehens zwischen zwei außerordentlichen Menschen interessiert, sind die Antworten auf zwei zentrale Fragen, die Harry Graf Kesslers Bedeutung für die deutsche Kulturgeschichte markieren. War er, was die Entwicklung der europäischen Kunst um 1900 betraf, lediglich ein Helfer, schärfer: eine Hilfskraft, sei es als Financier, sei es als Organisator, sei es als Inspirator? Oder hatte er, obschon das von vielen und gerade von ihm selbst ersehnte Werk noch nicht Form angenommen hatte, bereits als Mitarbeiter, als Mitschöpfer Teilhabe an einem Kunstwerk? Neben dem geschilderten Beispiel könnte man Kessler durchaus weitere entscheidende Impulse für andere Künstler als Mitarbeit anrechnen, etwa für Aristide Maillols Arbeit an der Skulptur *Le Cycliste* oder für Henry van de Veldes Aneignung der Antike oder später für Craigs *Hamlet* als Aufführung auf der Bühne eines Buchs. Kesslers Urteil, das er dem Tagebuch anlässlich eines Besuchs bei Maillol nicht ohne einen Seufzer anvertraute, war durchaus berechtigt: »[...] ohne sanften Druck und Rücksichtslosigkeit gegen seine fortwährenden Klagen wären weder die große Hockende noch das große Relief, noch die Figur von Colin fertiggeworden.«

Für Harry Kessler, den Beobachter seiner selbst, wie für den Kreis der Begleiter seines Wegs blieben die Antworten, ehe jäh das Jahr 1914 hereinbrach, offen. Als Liebling der Götter hatte er auch in dieser zweiten Lebensphase über unvergleichlich viele Verbindungen verfügt, aber wenig miteinander zu verbinden vermocht. Als Adjutant hatte er mitunter Achtung als Inspirator genossen, aber kaum als schöpferischer *esprit*. Und doch wage ich das Urteil, dass ein Mann, ohne dessen Mitarbeit die als Beispiele genannten herausragenden Kunstwerke nicht zustande gekommen wären, allein durch dieses

Aristide Maillol 1907 bei der Arbeit an der Bronze *Le Cycliste*, einem Auftragswerk Kesslers, der dem Künstler auch das Modell, den jungen Gaston Colin, zugeführt hatte. Foto von Harry Graf Kessler 1907.

Verdienst ein bedeutender »Wegbereiter der Moderne« gewesen ist, wie man ihn zu Recht genannt hat. Der plötzliche Ausbruch eines dem ersten Augenschein nach bezähmbaren Kriegs traf einen Mittvierziger an, der das Leben auf vielen Feldern besucht, aber nie Stufe um Stufe betreten hatte.

Ungeachtet des nahenden Kriegs stellt sich angesichts dieser vielen in seinen Augen versickerten Lebensjahre – zumal die zwischen den frühen Dreißigern und den mittleren Vierzigern gemeinhin zu den kostbarsten des Lebens gezählt werden – die Frage, was Kessler bisher gehalten, aufrechterhalten hatte und was ihm jetzt noch Halt bot. Die Frage stellt sich umso schneidender für den, der neun Jahre zuvor die eigene Stellung in deutschen Landen als »wohl einzig« bezeichnet hatte und den man immer noch als *homme hors concours* betrachtete – und der sich der unerfüllten Erwartungen durchaus bewusst war, und dies umso schmerzlicher, als alle Agilität und Mobilität sich kaum zu einem Handeln, viel weniger zu einem Schaffen verfestigt hatten.

Bereits im Jahre 1895 hatte Kessler sich und die Lebens- und Leidensgenossen seiner Generation als »Schiffbrüchige des Ideals« bezeichnet, die allein durch die Schönheit, die Kunst eine »momentane Vollendung ihres Ichs« retten könnten. Das bedeutete zweierlei. Einmal, dass es in seinen Augen diesseits oder jenseits des Ichs keine Macht gab, die dem Menschen noch einen Halt bieten konnte: keine verbindliche Ethik, keine Bindung an einen Gott, nicht einmal mehr, einige Ästheten ausgenommen, ein Verbunden-Sein mit den Dingen in einer immer fremderen Welt. Dass somit das einzige, was blieb, das Ich, ein einsames, ein brüchiges und mit Kesslers Wort ein »zersplittertes«, nur einen festen Halt im Leben finden könne: die Kunst. Dass es allein die Kunst sei, an die diese Haltlosen sich klammern könnten, damit »alle Schwingungen der Seele auf einen Augenblick rein und voll auf Einen Ton gestimmt zusammenklingen«. Dieser Grundgedanke des von ihm geliebten Schopenhauer hat Kesslers Lebensgefühl bestimmt. Die Schönheit bleibt kein bloßes Versprechen des Glücks, sie allein verspricht in Harry Kesslers Augen »auf Augenblicke wenigstens« das Glück.

August 1898. Allein, angesichts einer klaren Vollmondnacht über Fiesole, fängt Kessler nach Mitternacht seine Gedanken auf: »Wie sicher weiss ich, dass ich zu dieser Erde gehöre; dass mein Staub einst in Zweige und Blüten emporwachsen und die stille, majestätische Reise durch die Ewigkeit fortsetzen wird. Die Sterne werden in ungezählten Jahrtausenden herabblicken; und auch ich werde noch ein Teil des Alls sein [...]. Und auch ich habe das Glück gekannt.« Gekannt nicht als ein Versprechen der Schönheit, sondern als das Bewusstsein einer »Bergung im Unendlichen«, wie er hinzufügt. Dies ist die Lebensphilosophie eines Pantheismus, in dem das Ich eine Erfüllung darin findet, gerade nicht als Individuum, sondern als Teil des Alls zu überdauern, aufgehoben zu sein. Kessler rührt damit an ein Hauptmotiv seines Lebens: als ein Mensch mit zahllosen Verbindungen und wenigen Bindungen sein Glück in einer Teilhabe zu suchen, und sei es an einem vagen All. 1895 begehrte er, »dem ewigen Wandel entrückt« zu sein. Drei Jahre später »kennt er das Glück« darin, Teil des ewigen Wandels zu sein.

Ende Oktober 1906, ein Vierteljahr nach der Ausbootung in Weimar. Kessler hält im Tagebuch fest, wen er für eine erste Verkörperung eines Ichs hält, das in einer eisigen Zukunft als »überbourgeoiser« Mensch überstehen, standhalten könne: als der »erste und bisher grösste Typus des neuen [...] Menschen, der an Nichts glaubt, Nichts für sich will, und sich doch bezwingt, Alles leistet.« Und er spinnt aus, warum Friedrich der Große ihm hier als Beispiel dient: Er war einer, dessen »Einzigkeit in seiner Zeit«, dessen »Neuheit als Typus« eben darin bestand, »dass er ohne festen Punkt zu leben, sich zu beherrschen und Grosses zu schaffen wusste«. »Der Mensch ohne Gott und ohne Zweck, der doch nicht den Mut und den Humor verliert, ist ein ganz neues Geschlecht [...]. Wir fühlen, dass wir so sein müssen oder überhaupt nicht sein werden.« Harry Kessler hat im Tagebuch die drei Wörter »ohne festen Punkt« unterstrichen. Sie müssen ihm, dem Menschen ohne Ort und ohne Beherrschung, sprich Konzentration, ohne Gott und ohne Zweck, der nichts mehr ersehnt als das Handeln, aus der Seele gesprochen sein. Wir wollen nicht überziehen, aber es ist eine Spielart des Existentialismus mit starken Anklängen an Nietzsche und an den ihm unbekannten Karl Jaspers, der Kessler Konturen zu verleihen sucht. Wichtiger als jede Etikettierung ist, dass sich unausgesprochen zwischen die Gestalt Friedrichs und die Spielfigur des »modernen Menschen« die Person Harry Kessler schiebt. Kessler, mit allen ihm sympathischen oder von ihm ersehnten Zügen Friedrichs, wird, spätestens wenn er in ein »Wir« gleitet, zu einer Präfiguration dieses modernen Menschen, ob nun die Moderne als Eiszeit droht oder als Blütezeit winkt. In dieser halbbewussten Rolle Kesslers, die auch uns faszinieren kann, sehe ich eine zweite wichtige Facette seiner Bedeutung und einen Grund für die Sympathie, die er noch heute, erst heute in vielen Menschen weckt.

Krieger und Pazifist

Harry Kessler ließ 1921 für einen engen Kreis von Freunden eine Auswahl seiner Feldpostbriefe drucken mit dem Titel *Krieg und Zusammenbruch*. Aber für ihn war der Krieg zuerst einmal ein Aufbruch gewesen aus seiner Einsamkeit, beflügelt durch das Bewusstsein, in einer Phalanx mit anderen, mit Brüdern, in einen Kampf zu ziehen, dabei ein Aufschwung zu dem erfrischten Selbstbewusstsein, jenes »Spinnennetz der Zwecke« zu zerreißen, in das Nietzsche den Sachmenschen im friedlichen Alltag verwoben sah, und im militanten Leben einen Sinn zu entdecken, der das große Opfern wert war. Hatten Kesslers weitverzweigte Interessen auf allen Gebieten der Kultur zwanzig Jahre lang den ersten und zweiten seiner Lebenskreise dominiert, so richtete er in diesem dritten so spontan wie bewusst seine Kräfte auf das Feld der Politik – wenn wir den Krieg als Politik mit anderen Mitteln akzeptieren wollen. Zuerst hatte Kessler den Krieg begrüßt, hohen Muts und mit vollem Herzen. Am Ende wollte er ihn mit all seinen schwachen Mitteln nur noch bekämpfen.

Dieser dritten Lebensphase sind zwei Eckpfeiler gesetzt: der Juli 1914, als Kessler beginnt, als Soldat zu denken, und der Dezember 1923, als er erfährt, dass sein Versuch, sich in den Reichstag der Weimarer Republik wählen zu lassen, gescheitert ist. Auch in Zukunft wird er nicht aufhören, die politische Entwicklung scharfsichtig zu verfolgen, zumal angesichts der Auflösung der Republik und des Aufbrodelns des Terrors. Aber er wird nur noch als Observateur der Geschichte Anteil nehmen, nie mehr als Akteur teilnehmen.

Fast alle Biographen seines Lebens haben dessen Erfüllung in dieser Rolle des Beobachters gesehen. Ich sehe es anders: Harry Kessler war glücklich, wenn er handeln konnte. Wenn er schon nicht schaffen konnte als Artist, so wollte er agieren mit einem *élan vital*, nicht ob-

Bereits als Krieger Pazifist: Harry Graf Kessler mit Fip, einem seiner geliebten Dackel. Aufnahme um 1908.

KRIEG
UND
ZUSAMMEN-
BRUCH
1914/1918
MATHEY
AUS FELDPOSTBRIEFEN
VON
HARRY GRAF KESSLER
WEIMAR
PRIVATDRUCK DER CRANACHPRESSE

servieren als *bel esprit*. Und genau dazu bot ihm jetzt ein Krieg seine Feldzüge und seine Schlachtfelder an. Das mag uns heute, zwei uferlose Kriege später, befremden. Aber wir sollten nicht urteilen, bevor wir nicht versucht haben zu verstehen. Wenn wir wissen wollen, welche Bedeutung Kessler zukommt, müssen wir uns vor Augen führen, wie er auf die schroffen Herausforderungen einer dramatischen Zeitenwende reagierte, nachdem zwei Phasen seines Lebens ohne befreiende Aktion in zuletzt zermürbender Erwartung verronnen waren.

Hinter ihm lagen seit der noch immer an ihm nagenden Enttäuschung über die Demission in Weimar jene neun letztlich fruchtlosen Jahre, in denen er Hofmannsthal bei seiner Oper zugearbeitet hatte, in denen er Reinhardts Theater mit der Empfehlung des ingeniösen Edward Gordon Craig hatte zuarbeiten wollen, in denen er über viele Jahre sein megalomanes Projekt verfolgt hatte, von van de Velde oberhalb von Weimar ein Stadion als Gedenkstätte für Nietzsche errichten zu lassen; zu schweigen von zahlreichen anderen Initiativen und Interventionen. Weniges war zur Reife gelangt. Kessler hatte, unaufhörlich reisend, keinen Ort gefunden. Er war, unersättlich im Gespräch mit Intellektuellen und Künstlern und immer auch mit des *haut monde* dreier Nationen, ohne Heimat; zumal, wenn wir das Bewusstsein einer Heimat mit der Wärme auch nur eines nahen Menschen verbinden wollen.

In diese Leere brach mit Wucht der Krieg, der Große Krieg, aber doch wohl, so dachte auch Kessler Monate lang, nur ein kurzer heftiger Krieg, der die Suprematie des Deutschen Reichs in Europa bestätigen, nach Möglichkeit dessen Einfluss auf andere Weltteile ausdehnen würde. Plötzlich fühlte Harry Kessler, der Dandy und der Denker, der immer nur Teilnehmende, sich, so seltsam es klingt: geborgen. Geborgen, weil sein unstetes, unordentliches Leben sich plötzlich in eine Ordnung gefügt sah, die drei Jahre lang in seinen Augen einem Sinn gehorchte, aber selbst nach dessen Fortfall noch als Struktur Kesslers Lebenskräfte stärkte. Der Gesellschaftsmensch, der so zahlreiche bedeutende und bewunderte Menschen kannte, aber immer nur die brillante Randfigur abgegeben hatte, er fand plötzlich statt bloßer Gesellschaft eine Gemeinschaft vor, zumal eine angesichts des jederzeit drohenden Todes eng zusammenrückende. Hinzu trat, dass er für Monate, doch wie sich bald erwies, für Jahre einer Gemeinschaft von Männern angehören würde – was Kesslers, der geneigte Leser wird es längst erahnt haben, homoerotischer Neigung entsprach.

Broschureinband des Expressionisten Georg Alexander Mathéy für die in 130 Exemplaren 1921 auf der Cranach Presse gedruckten Feldpostbriefe Kesslers.

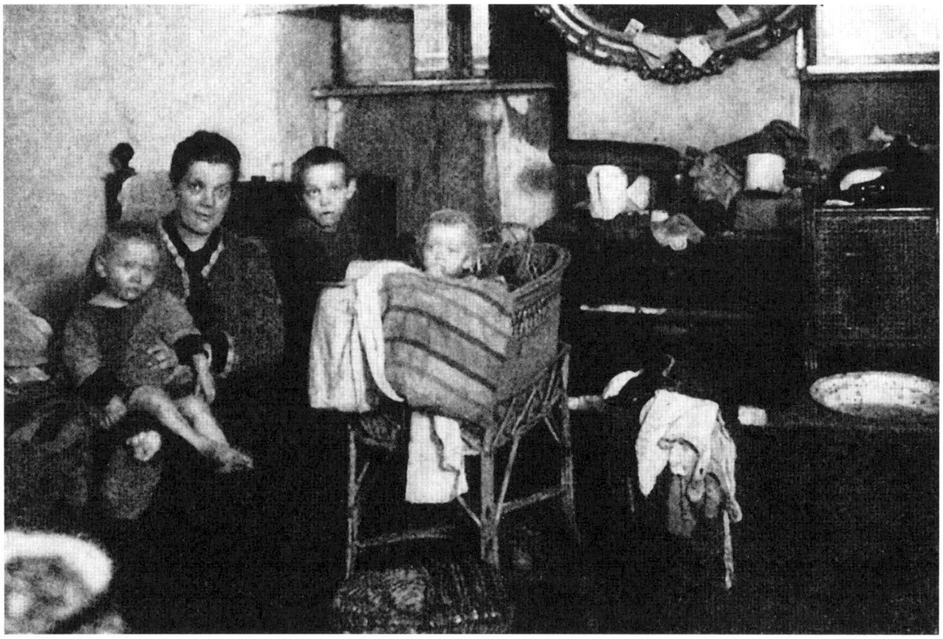

Er erkannte bald, dass dies kein kurzer Feldzug, sondern ein so ganz anderer, ein »Dreißigjähriger Krieg« sein würde, ein Krieg der Verwüstung und Erstickung des Lebens auch derer, die nicht kämpften, wie er es besonders krass in den ersten Kriegswochen in Belgien erlebt hatte, aber ebenso an der Ostfront erfahren musste. Kessler stand zuerst vor Verdun, dann über viele Monate an der Front gegen die Russen, dann erneut in Frankreich. Dabei diente er als Rittmeister der Reserve, verantwortlich für eine Munitionseinheit, später als Ordonnanzoffizier, nur selten im Feuer. Er hatte allein den Nachschub an Munition zu liefern, mit dessen Hilfe die Front gehalten werden konnte. Sein Vorgesetzter an der Ostfront, dem Schlage nach ein Landsknecht, beschäftigte ihn über Monate hin damit, das Kriegstagebuch der Division zu führen.

1916 wurde Kessler aus dem zweiten Glied der Kämpfenden auf eigenen Wunsch nach Bern beordert, wo er der überaus erfolgreichen französischen Kulturpolitik die Stirn bieten sollte; insgeheim, um im Gespräch mit dem französischen Kulturattaché vielleicht *ballons d'essai* eines Friedensschlusses steigen lassen zu können. Die manische Unfähigkeit der militärischen Führung, die inzwischen das Auswärtige Amt kommandierte, sich einem Frieden auch nur anzunähern, dann der depressive Absturz in die Resignation einer Niederlage verwandelten Kessler, lange der Apostel eines Siegfriedens, in den plötzlichen, aber künftig unbeirrten Advokaten einer Republik, die, von ihm als Ästhet wenig geliebt und oft verspottet, für die Zukunft die einzig würdige politische und moralische Institution zu bieten schien.

In den Wintermonaten 1918 sprach Harry Kessler zum ersten Male vom »preußischen Militarismus«. Beide hatten in seinen Augen ausgedient: Preußen als feudales, schlimmer noch, als »Persönliches Regiment« – und der Krieg als Mittel der Politik. Kessler wurde Pazifist, ja schon bald ein bekennender Pazifist mit dem eigenen Entwurf einer Völkerordnung, die er, jetzt wieder in drei Sprachen, drucken ließ. Zugleich warb er um Hilfe angesichts der furchtbaren Hungersnot, die in den ersten Nachkriegsjahren in den Berliner Arbeitervierteln das Leben lähmte. *Die Kinderhölle in Berlin* ist der Titel einer Broschüre, die er verfasste, druckte, verteilen ließ.

Zwei Nebenaspekte des Krieges: die Kameraderie im Felde mit Harry Graf Kessler als Soldat in den Karpaten (2. v. l.) und die hungernden Kinder im Berlin der Nachkriegszeit, für die Kessler sich in einer eigenen Broschüre, *Die Kinderhölle in Berlin*, einsetzte. Sie erschien im November 1920 als Sonderheft 11 der Zeitschrift *Die Deutsche Nation*.

Immer wieder hat man Harry Graf Kessler vorgeworfen, bei aller Brillanz und Versatilität doch der kühle Ästhet geblieben zu sein, der dank scharfer Beobachtung mitleidslos urteilte, aber selten von

RICHTLINIEN
FÜR EINEN
WAHREN VÖLKERBUND

VON

HARRY GRAF KESSLER

Zweite Auflage mit Einschluss der Braunschweiger
RESOLUTION
des IX. Deutschen Pazifistentages vom 2. Oktober 1920
(30tes bis 35 tes Tausend)

Gedruckt für den vom IX. Deutschen Pazifistentag
eingesetzten
SONDERAUSSCHUSS
Berlin W Köthenerstrasse 28.

Mitleid bestimmt handelte. Diese Etikettierung taugt nicht, wenn wir dem Menschen gerecht werden wollen, der eben nicht nur den scharfsinnigen Beobachter und den so eloquenten wie eleganten Causeur abgab, sondern zugleich ein warmherziger Mensch war, ob seine Sorge den hungernden Kindern Berlins galt oder seinen Angestellten, die als Entgelt für seine Einfühlungskraft und Hilfsbereitschaft bereit standen, für ihn durchs Feuer seiner hohen Ansprüche zu gehen.

Ich wähle ein einziges Beispiel aus diesem politischen Lebenskreis für eine weitere Seite seiner Lebensauffassung in jener Krisenzeit. Wir schreiben den 16. November 1915. Kessler wendet sich unter dem Eindruck der seit Wochen dauernden Kämpfe um Czartorysk an der Ostfront mit einem Brief an die Heimat. Dieses Zeugnis schien ihm selbst so bedeutend, dass er den Brief 1921 drucken lassen wird. »Der Offizier im Schützengraben hat auf sein Leben verzichtet. Man trifft hier oft jenen schönen, losgelösten Ausdruck, der auf griechischen Grabstelen so ergreifend ist. [...] Der griechische Todesgott, der schöne Jüngling mit sanften Schwingen, nicht das pathetische Skelett herrscht hier. [...] Aus welchen Tiefen unseres deutschen Wesens zieht der Tod diese Leichtigkeit?« Natürlich schreibt hier ein Ästhet, wenn Kessler den Zügen des jungen Kompanieführers den »schönen losgelösten Ausdruck« abliest, »der auf griechischen Grabstelen so ergreifend ist«. Sicherlich sieht nur ein Ästhet im Tod den schönen Jüngling mit sanften Schwingen, nicht das pathetische Skelett: eine Anspielung auf Hermes Psychopompos, den Seelenführer zum Hades, dessen schlanke Gestalt mit denen, die er führt, verschmilzt. Aber das ist nicht alles, was Harry Kessler im November 1915 vor Augen steht. Es ist nicht die »Leichtigkeit des Todes«, die ihn fasziniert, sondern »une promesse de bonheur«, der dem winkt, der die Nähe des Todes ausgehalten hat: »Wie viele von diesen, die der Tod geformt und geweiht hat, werden zurückkehren. Wird ihre Schönheit verblühen, wenn die Früchte dieses Krieges reif werden? Oder wird als eine dieser Früchte Etwas von ihrer adligen Leichtigkeit dem neuen deutschen Menschen eigen bleiben?«

Kessler bleibt ein Ästhet – auch im fahlen Licht eines grauenerregenden Krieges. Aber er wird zum Moralisten, als ihn die entsetzlichen Eindrücke von den zerstörten Dörfern und den versteinerten Gesichtern heimsuchen. Dabei beklagte er im Gegensatz zu so vielen seiner Zeitgenossen nicht den Verlust eines unwiederbringlichen Menschenbilds, sondern glaubte trotz der Zerstörungen an dieser

Harry Graf Kessler: *Richtlinien für einen wahren Völkerbund.* Der zweite Entwurf der Völkerbund-Satzung, der 1920 in drei Sprachen auf der Cranach Presse gedruckt wurde, lag auch dem Oktoberheft der Zeitschrift *Die Deutsche Nation* bei.

Zeitenwende die ersten Konturen eines neuen Menschentypus zu erkennen, der die »Leichtigkeit«, die er im Krieg angesichts der zu verkraftenden Todesgefahr bewiesen hatte, in der kaum weniger harten Welt des Friedens bewahren könne. Und dies in Anbetracht einer bevorstehenden »eisigen Zeit«, nämlich eines »Zeitalters der Mechanisierung«, wie es Kessler zumal nach seinen Erfahrungen im Krieg als unabwendbar vor Augen stand.

Der Krieg als Grenzsituation hatte ihm die beiden Denkmuster für die Zukunft geliefert: das eines Denkens nach den Gesetzen der Wirtschaft und das eines Denkens nach den Gesetzen der Technik – ob sie einander bedingen würden oder ganz der eigenen Gesetzlichkeit folgen müssten. Sich hier als der moderne Mensch, genauer: als Mensch in dieser plötzlich nicht mehr verheißungsvollen, sondern bedrohlichen Moderne behaupten zu können und nicht zu einem »aschgrauen Menschen in Bewegung«, wie Friedrich Schlegel es prophezeit hatte, zu verblassen, das blieb für Kessler in all den folgenden Friedensjahren als Erbe des Krieges die kardinale Frage. Dieser *élan vital* verband ihn in Zukunft mit Henri Bergson enger noch als mit dem Philosophen seiner Jugendjahre, Nietzsche. Nicht nur die Schönheit erschien Kessler jetzt ein Versprechen des Glücks.

Der Krieg hatte für ihn eine Konversion ausgelöst wie für nicht wenige konservativ denkende Menschen, die sich in der Folge ernüchtert oder verbittert in die eigene kleine Welt zurückzogen, wenn sie nicht in einen radikalen Konservatismus flüchteten. Kessler begriff mit seinem Scharfsinn die veränderte Weltsituation und setzte sich in den nächsten Jahren ein, um diese neue Welt nicht allein akzeptieren, vielmehr achten zu können. So bemühte er sich, wie angeführt, als Organisator um die sozialen Belange der Armen Berlins, als Kandidat um ein Reichstagsmandat, zudem, als unermüdlicher Vertreter eines lebensfreundlichen, dabei nicht lebensfremden Pazifismus, um einen Frieden in Europa. Dass ihm diese politischen Initiativen im Berlin der Nachkriegszeit in den Kreisen seiner ehemaligen Kameraden den eher bizarren Ruf eines »Roten Grafen« eintrugen, hat ihn nie beirrt. Er hatte nicht nur ein ihn lange erschütterndes Umdenken bewältigt, sondern zeigte sich auch bereit, für seine neuen Überzeugungen einzutreten.

Noch am 19. Februar 1933 wird er es wagen, in der Berliner Krolloper im Präsidium eines Kongresses für »Das freie Wort« aufzutreten. Die Versammlung wird nach der Verlesung einer Botschaft Thomas

Manns von der bereits auf Hitler eingeschworenen Polizei abgebrochen. Kessler notiert in den Morgenstunden dieser Nacht, wir berichten es im Vorgriff: »Es lag in der Situation ein starkes, mitreissendes Pathos. Viele hatten sicher ebenso wie ich das Gefühl, dass dieses für lange Zeit das letzte Mal sei, wo Intellektuelle in Berlin öffentlich für die Freiheit eintreten könnten.«

DIE ODYSSEE

NEU INS DEUTSCHE ÜBERTRAGEN VON
RUDOLF ALEXANDER SCHRÖDER

ERSTER BIS ZWÖLFTER GESANG

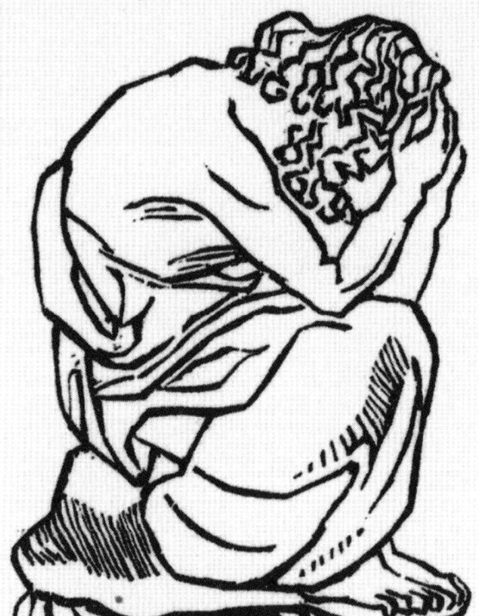

DES GESAMTWERKS
ERSTE ABTEILUNG

Der Schöpfer schöner Bücher

Aber was ist eigentlich ein »Schönes Buch«? Das »Schöne Buch« ist ein Gesamtkunstwerk und als solches nicht mehr, sondern weniger wert als ein Tafelbild Seurats, eine Skulptur Maillols, ein Stuhl Henry van de Veldes, die alle auf so märchenhafte Weise Kesslers Wohnungen geschmückt haben. Ein schönes Buch ist »nur« ein Gesamtkunstwerk. Zu ihm tragen viele Handwerker bei, oft auch ein bildender Künstler, die ihre Arbeit auf die maßsetzende Vorgabe eines literarischen Kunstwerks abstimmen – und auf die Vorstellungskraft, das heißt die Phantasie und den Willen eines einzelnen Menschen, der seine Vision eines Buches mit Hilfe aller Beteiligten zu realisieren sucht. Sie liefern Papier, Schrift, Satz, Druck, Vergoldung und Einband, oft bereichert durch die Bildkraft, die der Künstler beisteuert. So gab es um 1900 noch das Handwerk des *doreurs*, des Vergolders, der unter mehr als zwanzig Schattierungen von Gold den Ton herausfand, mit dem er einer Initiale oder einem Einband zu ihrem besonderen Glanz verhalf. Ein solches Gesamtkunstwerk zu komponieren, sollte Harry Graf Kessler eine Möglichkeit bieten, selbst zu gestalten, »zu schaffen«. Als ein *homme de lettres*, wenn wir darunter nicht nur den Verfasser geistreicher Bücher oder Briefe, sondern auch den geistvollen Kompositeur von Buchstaben und Buchseiten verstehen wollen. Aber auch, was das Handwerk anging, leistete Kessler Einmaliges: Er richtete in Frankreich eine eigene kleine Fabrik ein, um seine Vision eines idealen Papiers zu realisieren, und er ließ in England zwei eigene Schriften schneiden, um seinen Vorstellungen entsprechen zu können, beides Prozesse, die sich über Jahre hinzogen.

Titel des ersten Bandes der zweibändigen, von Kessler gestalteten Ausgabe der *Odyssee*, Leipzig 1910, mit einem Holzschnitt Aristide Maillols.

Dabei ist das »Schöne Buch« ein seltenes Gut nicht jeder Kultur. In der abendländischen können wir drei Mal von Blütezeiten der Buchkunst sprechen: von einem Gipfel im frühen Mittelalter, als die Mönche mit unendlicher Sorgfalt Bücher schufen, die von eigenen

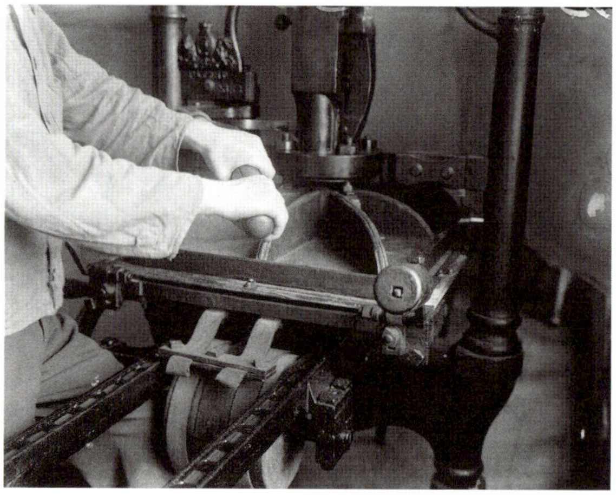

Sechs verschiedene Stationen, die eine Vorstellung von der handwerklichen Arbeit am Druck des *Hamlet* vermitteln.

Königin Was willst du tun? Du willst mich doch nicht morden?
He hilfe! hilfe!

Polo. (Hinter der tapete) Hilfe! he! herbei!

Ham. Wie? was? eine ratte? (er zieht)
Tot! ich wett ein goldstück, tot!

Er tut einen stoß durch die tapete.

Polo. (Hinter der tapete) O, ich bin umgebracht!

Fällt und stirbt.

nach Schwedland, Norwegen oder England sandtet, statt ihn eurem verruchten buhlen zum opfer zu lassen? Seid nicht gekränkt, ich bitte euch, hohe frau, wenn ich von schmerz und trauer hingerissen so kühn mit euch rede und euch weniger achtung zolle, als es pflicht gebietet; denn da ihr mich vergessen und völlig die erinnerung an den verstorbenen könig, meinen vater, in euch ausgelöscht habt, so dürft ihr euch nicht wundern, wenn auch ich die grenzen und schranken gebotener achtung überschreite. Seht, in welche not ich jetzt geraten bin, und welch unheil mein schicksal und euer großer leichtsinn und mangel an klugheit über mich gebracht haben, daß ich gezwungen bin, den narren zu spielen, um mein leben zu retten, statt mich in waffen zu üben, abenteuern nachzugehen und jedes mittel zu versuchen, um mich als den wahren und unbestrittenen erben des kühnen und guten königs Horwendil bekannt zu machen. Nicht ohne grund und gerechten anlaß erscheinen alle meine gebärden, mienen und worte wie die eines irren, und wünsche ich, daß alle mich für völlig des verstandes und jeder vernünftigen überlegung beraubt halten; denn ich bin dessen ganz sicher, daß derjenige, welcher sich kein gewissen daraus gemacht hat, seinen eigenen bruder zu töten, (an das morden gewöhnt und verführt durch den wunsch, zu herrschen, ohne daß seine tükken durchschaut werden) nicht zögern wird, sich zu retten durch das gleiche grausame wüten gegen fleisch und blut seines von ihm erschlagenen bruders. Daher ist es besser für mich, wahnsinn zu heucheln, als den gesunden verstand, wie ihn natur mir beschert hat, zu gebrauchen, dessen helles klares licht ich gezwungen bin, unter diesem schatten der verstellung zu verbergen wie die sonne ihre strahlen hinter einer großen wolke, wenn das wetter im sommer sich verdüstert. Die mienen eines irren dienen mir dazu, mein kühnes gesicht zu verbergen, und die gebärden eines narren sind mir bei weiser führung gerade recht für den zweck, mein leben und das gedächtnis meines so kurz verstorbenen vaters den Dänen zu erhalten. Denn der wunsch, seinen tod zu rächen, ist mir so ins herz gegraben, daß, wenn ich nicht bald sterbe, ich hoffe, eine solche und so große rache zu nehmen, daß diese länder ewig davon reden werden. Jedoch muß ich zeit, mittel und

111

Seite 111 der deutschen Ausgabe von Shakespeares *Hamlet* auf Maillol-Kessler-Bütten mit dem Holzschnitt *Hamlet mit Schwert* von Edward Gordon Craig und dem Text in der Übersetzung von Gerhard Hauptmann.

»Buchmalern« illuminiert, nicht illustriert wurden; von einem zweiten Gipfel im französischen Ancien Régime, als die Anmut schlanker Buchstaben mit dem kühlen Charme der Kupferstiche korrespondierte; endlich von einem dritten Gipfel seit dem letzten Viertel des 19. Jahrhunderts, als in England angesichts eines Maschinenzeitalters, das auch die Produktion von Büchern in einen technischen Prozess pressen wollte, eine Rückbesinnung eintrat. William Morris, mit ihm das *Arts and Craft Movement*, griffen auf die Traditionen des Mittelalters zurück. Der einzelne Mensch mit seiner Hand und mit seinem Auge sollte wieder den eigenen Lebensraum ausgestalten, von der Tapete bis zum Möbel, vom Messer bis zum Buch. Damit wollten Morris und später van de Velde die künstliche Scheidung des *artiste* vom *artisan* aufheben, des Künstlers vom Handwerker.

So verstehen wir Kesslers Leistung nur, wenn wir uns vor Augen führen, in welche Tradition er getreten war. Zumal das »Ding«, dessen Gestaltung ihn faszinierte, ein einzigartiges, nämlich das einzige von Geist erfüllte war: das Buch, der dem Geist unentbehrliche Körper. Das prachtvolle Rot eines Ledereinbands, eine prangende Vergoldung, schwere schwarze Lettern, sie werden nie ausreichen, ein Buch »schön« sein zu lassen – wenn sie etwa das Kleid abgeben sollen für, sagen wir, eine Lyrik, die einsetzt mit dem Vers »Es läuft der Frühlingswind / Durch kahle Alleen / Seltsame Dinge sind / In seinem Wehn.« Ein schwerer Prachtband könnte angesichts des so leichten Schwungs der Verse nie ein schönes Buch abgeben. Schön wäre er, wenn der Atem des »Frühlingswinds« alle Elemente des Buchs beseelte und damit der Dichtung zusätzliches Leben einhauchte.

Eben diese singuläre Möglichkeit, Körper und Geist zum Leib eines schönen Buchs zu vereinigen, hatte bereits den ganz jungen Harry Kessler verzaubert. Als Schüler seines englischen Internats gab er die Schulzeitschrift, die *Ascot Gazette*, heraus. Und druckte sie. Neben einer einzigartigen, weil unter Kesslers Aufsicht von van de Velde einheitlich, ja kongenial gestalteten Ausgabe von Nietzsches *Zarathustra* vermittelt bereits in der Vorkriegszeit ein zweiter Druck eine Vorstellung von Kesslers Vision eines idealen Buchs und von seiner Fähigkeit, auf dieser Ebene ein Werk hartnäckig über Jahre hin zu realisieren: eine zweibändige Ausgabe der *Odyssee*, in Kesslers Auftrag neu übersetzt von Rudolf Alexander Schröder, nach Kesslers Vorstellungen gestaltet von dem Schriftkünstler Eric Gill und dem Buchbinder Douglas Cockerell, ornamentiert durch Holzschnitte Aristide Maillols.

Denn erst Harry Kessler hatte die Idee gehabt, das Epos von Odysseus – neben Faust, Hamlet, Don Quichotte und Oblomow wohl der fünfte Urtypus des abendländischen Menschen von Geist – neu übersetzen zu lassen. Die Realisierung dieser Idee glich der Arbeit eines Herakles, denn nur dank Kesslers Geld und Kesslers Zielstrebigkeit und Kesslers Geist wurde dieses Werk nach fünf Jahren vollendet. In seinen Augen war dies ein weiterer notwendiger Brückenschlag von der Antike in das noch jugendliche 20. Jahrhundert. Dank Kesslers Geist? Nehmen wir als Beweis allein den Prozess der Übersetzung. Schröder übersetzte, flankiert von Wörterbüchern, mühsam aus dem Altgriechischen. Aber er war ein Dichter, und so schuf er eine hinreißende, poetische, wie Josef Hofmiller es treffend formuliert hat »in Silber getauchte« Übersetzung des Epos, eine gleichrangige Alternative zu der biederen, aber kernigen von Johann Heinrich Voss. Nun soll eine Übersetzung nicht nur poetisch beleuchten, sondern möglichst exakt überliefern, übertragen. Und da insistierte Kessler immer wieder auf Korrekturen im Detail, die aber an Grundgedanken der Dichtung rührten: Man dürfe nicht von »dem Schicksal« sprechen! Es gäbe nur »mein Schicksal« für die Vorstellung des homerischen Griechen! Was eine ganz andere Lebensanschauung voraussetze! Darüber müsse er, Kessler, Schröder eigentlich einen ganzen Vortrag halten. Rudolf Alexander Schröder hatte die Größe, vor Kesslers Wissen zu kapitulieren, ja ihm zu danken. Er wusste, nicht nur der Teufel sitzt, auch der Engel schlummert im Detail. So war diese Übersetzung ebenso eine geistige Leistung Kesslers. Hofmannsthal schrieb: »Lieber, als ich zurück kam lag der Homer da. Dieser stumme Gruß von dir rührte mich so, daß mir die Thränen in die Augen traten. [...] Da ist am Äußeren und am Inneren nichts, wo du nicht nachgeholfen hättest: vom ersten noch unentschlossenen Halbwollen des Übersetzers bis zur letzten Hand der Vergoldung am Einband. Und es ist ein so schönes schönes Buch. Ich habe, glaube ich, noch nie ein schöneres in der Hand gehabt, sicher nie eines, das mir lieber gewesen wäre. Der Zusammenklang darin, vom innersten Gehalt bis zum kleinsten, immer bescheidenen Zierrath, tut mir wohl.«

»La beauté est une promesse de bonheur.« Wir erinnern uns an Stendhals Wort, Kesslers Devise. In diesem Bewusstsein gründete Kessler 1913 in Weimar seine eigene Privatpresse, die Cranach Presse, zuerst mit vier Angestellten und dem Projekt einer Ausgabe von Vergils *Eclogen,* die wiederum Maillol mit Holzschnitten versehen sollte. Bald führte der Krieg Kessler an drei Fronten. Die Presse trieb seither ohne seine Leitung dahin. Die frühen zwanziger Jahre fanden

P. VERGILI MARONIS ECLOGA PRIMA
TITYRUS ET MELIBOEUS

MELIBOEUS
Tityre, tu patulae recubans sub tegmine fagi
silvestrem tenui Musam meditaris avena:
nos patriae finis et dulcia linquimus arva.
nos patriam fugimus: tu, Tityre, lentus in umbra
formonsam resonare doces Amaryllida silvas.
TITYRUS
O Meliboee, deus nobis haec otia fecit.
namque erit ille mihi semper deus, illius aram
2

Entwurf für die erste Seite der *Eclogen* Vergils mit einem der Holzschnitte Maillols. An dieser Ausgabe arbeitete Kessler zwischen 1913 und 1927. Sie gilt als eines der schönsten Bücher des 20. Jahrhunderts.

P. VERGILI MARONIS ECLOGA PRIMA

MELIBOEUS ET TITYRUS

INCIPIT MELIBOEUS

TITYRE TU PATULAE RECUBANS SUB TEGMINE FAGI, SILVESTREM TENUI MU SAM MEDITARIS AVENA: NOS PATRIAE FINIS ET DULCIA LINQUIMUS ARVA. NOS PATRIAM FUGIMUS : TU TITYRE LENTUS IN UMBRA, FORMOSAM RE SONARE DOCES AMARYLLIDA SILVAS.

4

Die endgültige Fassung der ersten Seite der *Eclogen* mit dem Text in Versalien.

ihn, wie dargestellt, in einem anderen Lebenskreis von politischen Ambitionen absorbiert.

Mit einem exakten Datum, dem 19. November 1923, wandte Kessler sich, verwundet von der Enttäuschung über seinen Misserfolg bei den Reichstagswahlen, abrupt der Cranach Presse zu, damit der zugleich kühlen und erwärmenden Welt des Schönen. 1927 erschien nach vierzehnjähriger Zusammenarbeit mit Maillol die Ausgabe von Vergils *Eclogen*, präzise gesagt: eine deutsche, eine englische, eine französische Ausgabe, ein Spiegelbild der drei Kulturkreise Kesslers. Seither wird diese Ausgabe als das schönste Buch des 20. Jahrhunderts gefeiert. Zwischen 1928 und 1931 erschienen in einem wahren Schaffensrausch weitere sechs bestechend schöne Werke der Cranach Presse, unter ihnen zwei den *Eclogen* vergleichbare Meisterwerke: Shakespeares *Hamlet* mit Holzschnitten von Edward Gordon Craig und ein *Hohelied Salomonis* mit Holzstichen von Eric Gill.

In diesem vierten Lebenskreis flüchtete Harry Kessler vor einer sich verdüsternden Außenwelt und einer widrigen Binnenwelt – er konnte die Kosten seiner Privatpresse nur noch durch Verkäufe von Kunstwerken, Schulden bei Banken, Borgen bei der Schwester begleichen –, gerne in die Scheinwelt des *haut monde* und in die Kunstwelt des »Schönen Buchs«. Doch bereits Ende 1931 fordert die Graue Eminenz des Alltags ihren Zoll: Kessler muss allen Angestellten kündigen. Er hatte sie stets weit über Tarif entlohnt als ein gütiger und hilfsbereiter Arbeitgeber. Sein Bild illustriert die Lebensweisheit, dass man einen Gentleman daran erkennt, wie er mit Untergebenen umgeht. Kesslers Diener Paul Schulze war seinem Herrn freiwillig in den Krieg gefolgt.

Einige letzte Worte zum »Schönen Buch«. Wir haben Kesslers Sinn für das *détail* gefeiert und für, Kesslers Lieblingswort, die *valeurs*: die Nuancen, die Schattierungen, die Übergänge des Lichts und der Farben, den »Duft«. Ein Beispiel aus den *Eclogen* soll belegen, wie Kessler inspirierte, wie er im Besonderen für ein Allgemeines arbeitete, so dass ein Ganzes entstand. Wir vergleichen zwei Entwürfe. Es handelt sich um die erste Seite der ersten Ecloge Vergils, einmal als Probedruck, dann in der endgültigen Fassung. Kessler hatte sich in einem Prospekt die hohe Aufgabe gestellt, durch die außerordentliche Sorgfalt beim »Bau« der Seite aus Buchstaben, Zeilen und Absätzen »durch schärfe und leichtigkeit das lichte und strenge von Maillols so kostbar geschmückter architektur zur vollendeten geltung zu bringen«. Ein exakter Vergleich des Probedrucks mit der endgültigen Fassung dieser Eingangsseite belegt Kesslers Entscheidung, das »strenge« gleichberechtigt mit dem »lichten« verbinden zu wollen. Die Anordnung der beiden Titelzeilen blieb bestehen, nur dass die Namen der beiden Hirten in ihrer Reihenfolge umgekehrt wurden. Das ergab Sinn, da Meliboeus als erster spricht. Eben diese Akzentsetzung nimmt der Text auf und verstärkt sie maßgeblich: »INCIPIT MELIBOEUS«, in Versalien mittig gesetzt, beherrscht nun allein das Feld auf der unteren Hälfte der Seite. Auf dieser Seite soll jetzt nur noch Meliboeus sprechen – und er »spricht« in Versalien. Seine Rede, vorher auf fünf Zeilen mit ungleichmäßiger Länge verteilt, durchaus prosaisch, wird nun durch die Setzung in Versalien auf sieben Zeilen verteilt, die bündig mit der Breite des Satzspiegels abschließen. Die Rede bildet, durchaus pathetisch, jetzt eine Fläche, als füllte sie den Deckel eines steinernen Monuments. Die liebenswürdigen Sätze des Hirten werden zu einer lateinischen Inschrift stilisiert, aus ihrem lockeren Tonfall gehoben zum Pathos eines Eingangs. Die Versalien bilden in ihrer Gesamtheit gleichsam eine einzige grandiose Initiale zu den folgenden zehn Eclogen Vergils. Das »strenge« hat jetzt ebenso viel Gewicht erhalten wie das »lichte«, die »schärfe« der wie gemeißelt dastehenden Versalien so viel Gewicht wie die »leichtigkeit«, die Tityrus' ungezwungene Haltung unserem Auge vermittelt. Dabei hat der Holzschnitt, und das ist neben dem Wechsel vom Prosaischen zum Pathetischen der zweite grundlegende Gegensatz zu den vorhergehenden Entwürfen, durch Kesslers Hand ein Gegengewicht gefunden. Zuvor drohte er, trotz aller Lässigkeit in der Haltung des Tityrus, die Textzeilen fast zu erdrücken. Jetzt stellt Meliboeus' Rede einen festen, zugleich lichten und strengen Sockel für den Holzschnitt zur Verfügung. Der Holzschnitt lastet nicht, er ruht auf ihm.

Diese beiden Verbindungen von »schärfe« und »leichtigkeit«, von »strengem« und von »lichtem« waren in Kesslers Augen das Legat der Antike, dank dessen der »moderne Mensch« zu überstehen vermöchte. Niemand konnte in seinen Augen kraftvoller als die beiden von ihm bewunderten Bildhauer der Jahrhundertwende, Rodin und Maillol, diesen weiten Bogen in ein *Age d'Airain*, ein Ehernes Zeitalter, schlagen. Gefolgt von der *Odyssee* und den *Eclogen*, zwei von Kesslers nicht nur schönen, sondern für Literatur und Kunst in Zukunft unentbehrlichen Büchern. Was ihn selbst betraf, wusste er, wie er in einem späten Brief an Schröder schrieb, was die von ihm gestalteten Bücher bedeuteten: »mein Lebenswerk«.

L'homme de monde

Harry Graf Kessler hätte gelächelt, hätte er sich als »Weltmann« bezeichnet gesehen, wie es im Nachkriegsdeutschland vielen gefiel. Für das feine Ohr klingt dieser Begriff zu bieder, weil angestrengt mondän; zumal das Adjektiv »weltmännisch« besonders hässlich ausfällt. »Weltbürger« verliert sich, jedenfalls in unseren Tagen, in ein Wunschdenken *inter nationes*. »Salonlöwe« endlich ist ein Begriff von herzlicher Plumpheit, der die Furcht desjenigen, der ihn bemüht, vor dem glatten Parkett verrät, über das er sich bewegen soll. Die Deklaration als *homme de monde* hätte Harry Kessler wohl mit Milde aufgenommen. Er hätte sich bestärkt fühlen können durch den Schulterschluss mit Marcel Proust, dem Generationen von Kritikern vor allem eins vorgeworfen haben: Er habe sich verzettelt und verloren in endlosen Präsentationen und Konfigurationen des Pariser Hochadels, dem er, ob bei Matineen oder Soireen, bei Bällen oder Premieren, sein unverwandtes Augenmerk geliehen habe, einer, wie die Kritiker glaubten und glauben, »so öden Welt«.

Nun hätte Proust entgegnen können, für sie, seine sozial engagierten Kritiker, werde diese *haute volée*, die sich um 1900 noch fast durchweg aus Aristokraten zusammensetzte, spärlich gesprenkelt mit einer durch Geld geadelten Großbourgeoisie, immer eine fremde bleiben – und vor allem deswegen eine öde. Viel wichtiger noch, er hätte sich amüsiert über das blatante Unverständnis für das, was doch sein wichtiges Thema war: die Zeit, die Zerbrechlichkeit der Zeit, die Verflüssigung der Zeit, die Wiederkehr der Zeit. Welcher Menschenschlag konnte unter diesem Aspekt interessanter erscheinen als der Hochadel, unterhielt er doch ein einzigartiges Verhältnis zur Zeit, vielmehr zu allen drei Zeitstufen, und am lebendigsten zur Vergangenheit. Genau diese Vorwürfe musste Harry Graf Kessler lebenslang parieren, fast diese Entgegnung mochte er ins Feld führen. Nur dass das Grundmotiv seines Interesses an der Gesellschaft nicht

Harry Graf Kessler als Mittvierziger auf der Höhe seines Lebens. Foto von Hugo Erfurth 1911.

Empfang beim Bankier Hugo Simon in Berlin. Harry Graf Kessler im Gespräch mit Aristide Maillol und einer unbekannten Dame, wahrscheinlich der Geliebten Maillols. Im Hintergrund rechts Albert Einstein.

das der Zeit war, sondern, so seltsam es auf Anhieb klingt, das des Handelns.

Kessler war sich bewusst, als *homme de monde* auf dreierlei Weise verstanden werden zu können: als Mensch, dem die weite Welt zu Füßen liegt. Als Mensch, der sich für die weltliche Seite des *monde* entschieden hat. Und als Mensch, welcher der Welt als einer gesellschaftlichen begegnet. Und eben vorzüglich auf deren oberster Stufe, des *haute monde*, des in die Betrachtung der Vergangenheit versunkenen Hochadels. »I cannot live without duchesses«, hatte sich Oscar Wilde noch auf dem Totenbett über diese und sich selbst mokiert. Hofmannsthal wiederum spottete voll Neid über den eitlen Kessler, der bei einer Pariser Premiere »8 Herzoginnen auf seiner Loge« habe.

Tatsächlich hat Kessler das »Leben« zu weiten Teilen in seiner Ausprägung als Gesellschaft gesucht, ja das Leben in dieser Gesellschaft als unentbehrlich empfunden. Dabei hat er sie nicht als Schauspiel beobachtet, sondern als ein »Kraftspiel«. Eben dies bewunderte er, und hernach erst die Eleganz und die Manieren und das Stilgefühl einer damals noch unvergleichlich festgefügten und abgestuften *society.* Um zu verstehen, was für ihn dieses Kraftspiel bedeutete, müssen wir versuchen, sein Leben aus zwei Perspektiven zu betrachten.

Ein erster, vielleicht überraschender Blickwinkel: Die fast tägliche Teilnahme an der Gesellschaft bedeutete für Kessler eine stete Gefahr. Jeder seiner Auftritte, bei denen er über vierzig Jahre hinweg – lange mit seiner Schönheit, immer mit seinem Stil – als Causeur, oft auch als Debattierer glänzte, fand nicht nur auf einem glatten Parkett statt, sondern für ihn auf einem doppelbödigen. Zum einen wusste er genau, dass die beispiellos rasche Grafung durch einen Duodezfürsten in den Augen der Gesellschaft, das heißt den Adelszirkeln, ein Makel war und blieb. Er wurde, ungeachtet der acht Herzoginnen, nie »einer von uns«. Zum anderen war Harry Kessler sich seit frühen Jahren bewusst, dem eigenen Geschlecht zugewandt zu sein. In den Augen der Gesellschaft war es sicherlich »komisch« – der gängige Ausdruck, mit dem man sich gerne begnügte –, dass er nie heiratete, dass mit dem Namen eines so blendenden Mannes nie eine Liaison verbunden werden konnte. Eine Entdeckung seiner Disposition hätte ihn in jener Zeit sofort, das hat er so akribisch wie distanziert in seinem Tagebuch während der Affairen Eulenburg, Moltke, Hülsen vermerkt, die gesellschaftliche Stellung gekostet. So blieb er Jahrzehnte lang der tödlichen Gefahr einer plötzlichen Entdeckung seiner Introvertiertheit – das

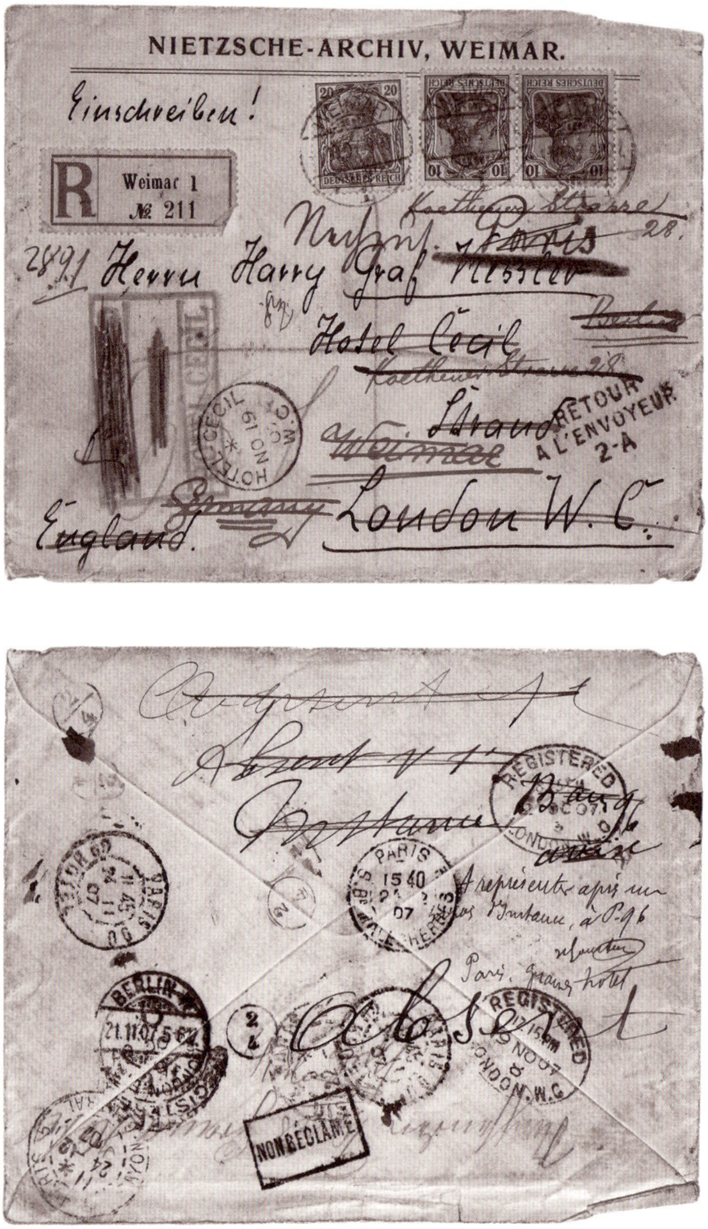

Kuvert eines Einschreibens von Elisabeth Förster-Nietzsche an Harry Graf Kessler vom 30. September 1907. Sein Weg spiegelt Kesslers furiosen Lebensstil. Es erreichte ihn weder in seinem Londoner und Pariser Hotel noch in seiner Berliner Wohnung und kehrte zurück ins Nietzsche-Archiv.

war der Begriff, zu dem sich Proust geflüchtet hatte – ausgesetzt. Hinzu kam ein weiterer Abgrund: Kessler war seit Mitte der zwanziger Jahre genau besehen überschuldet. Er lebte Tag für Tag, Jahr für Jahr über seine Verhältnisse, und nur die Munitionierung zuerst durch seine Mutter, dann durch die Schwester Wilma bewahrte ihn vor dem finanziellen und damit dem gesellschaftlichen Ruin. Sein Handeln bestand zu einem gewissen Teil in der Camouflage dieser drei Abgründe.

Ein zweiter Blickwinkel: Kessler hatte, wir haben es gehört, von spärlichen Kontakten mit den Vettern in Hamburg und in London abgesehen, keinen Familienkreis, nur in Frankreich die geliebte Schwester Wilma. Und, bitterer noch, keinen vertrauten Freundeskreis. Von all den Begegnungen mit dem Leben, welche die meisten Menschen mit Glück oder Unglück erfüllen, blieb er, vier Liebesbeziehungen zu jungen Männern nicht gerechnet, ausgeschlossen. Nach dem Abschied von seinem Posten in Weimar hatte er einst in einem ungewollt verräterischen Brief an Hofmannsthal geschrieben: »Du, Vandevelde sind mir der Inhalt meines Lebens, etwa wie es dir deine Dichtungen sind, das was mir die Möglichkeit am Leben mitzuschaffen öffnet. [...] Aber das kann nicht mein einziger Zweck im Leben sein. [...] Für mich persönlich muß, wenigstens die nächsten Jahre dieses direkte Produzieren der Hauptzweck meines Lebens sein. Ich brauche für meine geistige Gesundheit ein Werk unter meinen Füßen.«

Wem also im Leben versagt bleibt, das Glück bei einem oder mehreren Menschen zu finden, dem bleibt nur der schroffe Anspruch, in einem Handeln, in einem Schaffen Erfüllung zu finden. Wenn aber ein solches Schaffen auch in Kesslers eigenen Augen ausgeblieben war, blieb ihm nur noch, so sah er es, ein »Handeln«. »Die Welt ist gut, weil ich in ihr handeln kann.« In seinem Tagebuch hat Kessler, was er sehr selten tat, den vollen Satz mit starker Hand unterstrichen. *Ago ergo sum*, wie man es formulieren könnte, schien ihm in der Mitte seines Lebens die gültige Devise.

Cicero hatte einst einen Satz geprägt, der Kesslers Einstellung exakt auf eine Formel bringt: »Non solum spectator sed actor et aeroama.« Was sich Cicero für ein erfülltes Leben wünschte, war, nicht ein Beobachter zu bleiben, sondern als Handelnder ins Leben einzugreifen, wenn möglich als ein Handelnder im Gefolge der Musen. Kesslers Tragik lag darin, dass er das Handeln – zu Recht – »für seine geistige Gesundheit« verlangte, dass er aber, wenn es ihn – oft nur zu verständlich, zu oft fast zwanghaft – in die Gesellschaft drängte, das

Henry van de Veldes Entwurf eines Nietzsche-Turms und sein Modell für die gesamte Anlage eines Nietzsche-Stadions über Weimar, um 1913.

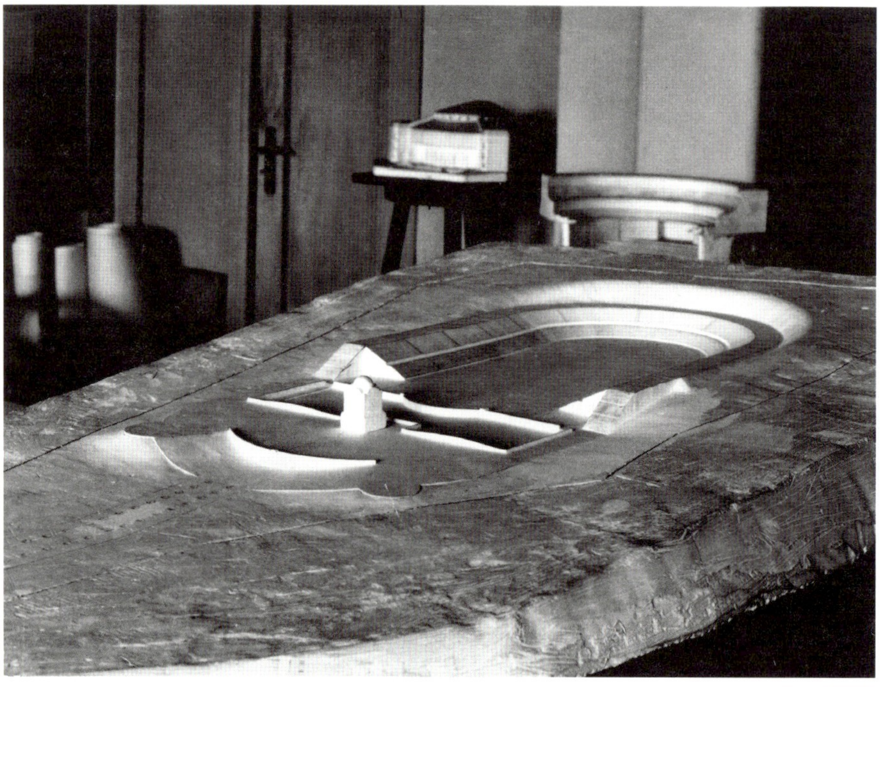

Leben immer allein in Ansätzen zu packen wusste. Sein exklusives und exzessives Gesellschaftsleben blieb ohne Früchte: Er blieb ein abgelehnter Diplomat, ein abgestrafter Museumsdirektor, ein abgestellter Soldat, ein abgewiesener Reichstagskandidat, ein ausgestoßener Mitbürger.

Kessler selbst hat diese Flucht in die Gesellschaft zu rechtfertigen versucht: »Ich stimme denen nicht bei, die die Gesellschaft hohl finden; mein Gefühl ist vielmehr das der Bewunderung für die Sicherheit und Gewandtheit, mit denen hier ungeheure Kräfte an materialen wie an geistigen Kapitalien gelenkt und gegeneinander ausgespielt werden.« Er mag hier an einen Wirtschaftsfürsten wie Rathenau, an einen Wissenschaftler wie Einstein, an einen Politiker wie Stresemann gedacht haben. Und doch bleibt es in meinen Augen eine dürftige Auskunft, die jedoch verrät, was ihn lebenslang faszinierte: die »fremden Schicksale« von Menschen, deren Handeln er immer bewunderte und deren Handeln er mitunter förderte. Wenn Kessler einzig dann seine Welt als »gut« auffassen wollte, wenn »ich ihn ihr handeln kann«, so musste er seinen Weg unter Menschen suchen. Das erklärt den pausenlosen, oft fast atemlosen Auftritt in der Gesellschaft. Nur so ist seine Erklärung, die Gesellschaft nicht als Schauspiel, sondern als Kraftspiel nicht entbehren zu können, zu verstehen. Dabei musste er sich als Fünfzigjähriger eingestehen: »Mit den Jahren gerät man hinein in immer mehr fremde Schicksale, die Einen wie Moos überwuchern. Schliesslich kann die eigene Gestalt wie bei einem Bau unter Epheu ganz verloren gehen.«

Nehmen wir Kesslers kühnsten, zumindest ihn selbst inspirierenden, über Jahre hin verfolgten Versuch, die Gesellschaft des Parketts und die Gesellschaft des Geistes zu einem gemeinsamen Handeln zu verbinden. Dieser Versuch galt seinem Lieblingsprojekt eines hypertrophen Nietzsche-Denkmals über den Hügeln von Weimar, in dessen Zentrum ein der Antike nachempfundenes Stadion stehen sollte, die gesamte Anlage entworfen von Henry van de Velde. Um das Projekt zu finanzieren, wandte er sich immer wieder an die Spitzen der Gesellschaft, nicht zuletzt an Wirtschaftsführer wie Rathenau, die Berliner Bankiers, die Krupps. Aber die Gesellschaft, die nicht nur finanzieren sollte, sondern zuerst einmal verstehen musste, versagte sich. Nicht, weil sie nicht finanzieren wollte, sondern weil sie nicht verstehen konnte. Von der Schönheit des Projekts, das in Kesslers Augen der Gesellschaft zum sicheren Glück gereicht hätte, versprach sie sich nichts. Kessler stand einmal mehr da als ein *homme sans monde*.

Der Redakteur seines Lebens

Ein Tagebuch kann aus vier Blickwinkeln geschrieben werden. Es kann nüchtern Rechenschaft ablegen von der Art und Weise, wie eine Person die Zeit genutzt, wie sie ihren Tag eingeteilt und wie sie ihn zugebracht hat. Es kann aber auch als ein Dialog des Diaristen mit sich selbst geführt werden, wobei die äußeren Daten und Bilder der Bespiegelung des Ichs dienen. Oder es kann ein Bild der Welt mit allen *détails* und *valeurs* liefern, mit einem Beziehungsgeflecht, ja Beziehungsspiel, die nur das scharfe Auge des Tagebuchschreibers erfasst, wobei dem Ich die Rolle des möglichst objektiven Betrachters, mithin eine distanzierte, zufällt. Und es kann, dies ein vierter Ansatz, in einem permanenten Dialog zwischen Ich und Welt bestehen, wobei in unregelmäßigem Wechsel die Welt als Spiegel des Ichs, das Ich als Spiegel der Welt dienen.

Harry Graf Kessler hat sein Tagebuch ganz überwiegend aus der dritten dieser Perspektiven geschrieben, doch nicht selten die vierte hinzugezogen. Die zweite, für viele Tagebuchschreiber die bedeutende, hat er selten, dann aber umso eindrucksvoller genutzt. Die erste erübrigte sich, denn sie wurde ersetzt durch die Hand seines Sekretärs, der exakt Buch führte über die oft drei, vier gesellschaftlichen Termine, die sein Herr jeden Tag absolvierte, die Zeit des permanenten Sich-Umkleidens eingerechnet.

Das Tagebuch des jungen Harry setzt ein mit dem 16. Juni 1880. Bereits einen Tag später stellt er so penibel wie präzise die Farben der Kleider von Passanten auf der Promenade von Bad Kissingen zusammen, »wie sie es auf der schmutzigen Palette eines unerfahrenen Malers sein könnten« – eine erstaunliche Sichtweise selbst für einen altklugen Zwölfjährigen. Zudem ein frühes Beispiel für sein außergewöhnliches Vermögen, die soziale Einordnung durch einen ästhetischen Vergleich zu rechtfertigen. Mehr als siebenundfünfzig Jahre später rahmt wie-

Der große Demonstrationszug der Hitlersturmtruppen zur Reichstagswahl entlang der Straße Unter den Linden durch das Brandenburger Tor in Berlin am 6. März 1933. Aufnahme von Georg Pahl.

Einbandbroschur der *Souvenirs d'un Européen*, der französischen Ausgabe des ersten Bandes der Erinnerungen Kesslers, Paris 1936.

derum ein Vergleich die letzten Impressionen des fast Siebzigjährigen: »Fournels, 30. September 1937. Donnerstag. Mit Christian nach Marvejols, um mein Herz röntgen zu lassen. […] Das Städtchen, altmodisch, malerisch, erinnert im Stil und Atmosphäre an Weimar, aber schon fast südlich.« Zwischen beiden Notaten liegen mehr als 10.300 Seiten des Tagebuchs, mit einer verschlungenen, oft angesichts der nächtlichen Stunde die Buchstaben ineinanderziehenden Schrift gefüllt, dabei kaum eine Seite ohne Korrektur, viele entstellt durch Löschungen, fast jede bestückt mit Ergänzungen, nicht wenige illustriert durch eigene Fotos, ausgeschnittene Artikel, unbeholfene Skizzen.

Mit den Jahren nahm das Tagebuch den Charakter eines Manuskripts an; fast ist man versucht zu sagen, dass es mehr und mehr ein Eigenleben entwickelte. Je weniger es ihm gelang, etwas »zu schaffen«, zumindest »zu handeln«, in Kesslers Verständnis: »zu leben«, desto schwerer wog, was er des Nachts als Erlebtes, aber eben doch nur Erlebtes, aufzeichnete. Das berechtigt uns, der Führung des Tagebuchs den dominierenden Platz in Kesslers sechstem Lebenskreis zuzuweisen, in den Jahren seit der Emigration im März 1933 bis zu seinem Tod im Oktober 1937. Natürlich hat das Tagebuch seinen weiten farbigen Bogen über volle siebenundfünfzig Jahre gespannt. Aber jetzt, in diesem letzten Abschnitt des Alterns, nahm die Bedeutung des Tagebuchs in dem Maße zu, wie die Bedeutung des äußeren Lebens für Kessler abnahm. Wer so gerne Akteur gewesen wäre, so lange Observateur der Welt gewesen war, fungierte nurmehr als Redakteur eines Lebens in einer seit jenem Kriegsbeginn versinkenden, aber noch im Untergang phosphoreszierenden Welt. Dem Emigranten, der zwei Welten verloren hat, die seiner Zeit und die eines Orts, bleibt allein das Sichten. Das ahnte Kessler, je rascher, weil in unerfüllter zunehmender Mattigkeit, sein Leben verrann. Mehr und mehr, je ungeforderter es versickerte, suchte er sich zu konzentrieren auf den Rückblick. Denn er wusste, dass nicht die Biographie eines herausragenden Menschen, etwa seine bis heute als psychologische Studie unerreichte Biographie Rathenaus, von wahrer Bedeutung für seine Existenz sein konnte, sondern dass »Autobiographien eigentlich die einzigen Biographien sind, die nicht wertlos sind«. Insofern dienten seine Tagebücher, nicht von vorneherein, aber doch zunehmend seit dem zweiten Lebensabschnitt, der wie alle folgenden mit einem eklatanten Scheitern geendet hatte, Kesslers *grand dessein*: einer künftigen, auf vier Bände veranschlagten Autobiographie, der Krönung eines, wie er bereits ahnte, unerfüllten, aber, wie er hoffen durfte, den Leser faszinierenden Lebens.

Die Bucht von Palma de Mallorca, die
Kessler in seinem Exil vor Augen hatte.
Historische Ansichtskarte um 1935.

Nie hat Kessler an eine unmittelbare, nicht redigierte, rückhaltlose Veröffentlichung seiner Einträge gedacht. Er hat in dem Tagebuch den Steinbruch gesehen, aus dem er sich einmal die Blöcke holen wollte, um aus ihnen die Gestalten seiner Autobiographie zu meißeln. Das beweisen seine unablässigen und intensiven Korrekturen, die ihm dazu dienten, jede Beobachtung oder Betrachtung bereits als Mosaikstein zu formen und zu färben, um ihn später einfügen zu können in das vielschichtige Gesamtbild der Epoche, das er aus *Gesichtern und Zeiten*, wie er den ersten und einzig vollendeten Band nannte, aufsteigen lassen wollte. An die Stelle jenes jahrzehntelang imaginierten Meisterwerks über die Kunst der Moderne, das er seit seinem zweiten Lebensabschnitt unaufhörlich vorbereitet hatte, aber eben immer nur vorbereitet, war mit den siebenundfünfzig gebundenen Kladden des Tagebuchs diesseits der Autobiographie ein eigenes Meisterwerk getreten, mit dem er die Kultur der Moderne in der Zeitenwende um 1900 auf unnachahmliche Art und Weise ins Auge fassen sollte, für einen Leser in Bilder übersetzte.

Kessler selbst war das nicht bewusst, sah er doch in der Autobiographie, von der Mitte der dreißiger Jahre nur ein Band erschienen war, die letzte Möglichkeit, Schöpfer eines bedeutenden Werks zu werden. In den ersten Jahren der Emigration, als er in Paris und auf Mallorca Fuß zu fassen suchte, ließ er sich ununterbrochen Belege, Briefe und Dokumente aus Weimar schicken, nicht um mit ihnen sein Tagebuch zu ergänzen, sondern um mit diesen Bausteinen an seiner »Kathedrale« zu bauen, so, wie Marcel Proust von Anfang an das Gebäude eines künftigen Meisterwerks in den Blick gefasst hatte. Kesslers Kathedrale, die Autobiographie, blieb als Rohbau ein Ansatz. Aber das Mosaik, sein Tagebuch, obwohl unversehens gewachsen und unkorrigiert überliefert, bleibt als ein Werk. So konnte er, beschränkt in seinen Möglichkeiten, nicht nur was die Erschließung von Geldquellen, auch, was die Beschaffung von Unterlagen betraf, nur eine verkürzte Redaktion des Widerspiels seines Ichs mit der Zeit wagen. Was er abschließen konnte, war neben Bruchstücken des zweiten Bands die von ihm über weite Passagen hin neu formulierte französische Ausgabe des ersten Bands der Autobiographie. Man darf sagen, der Leser unserer Tage, sei es der sichtende Historiker oder ein gefesselter Leser, wird selbst zum teilenden, ordnenden Redakteur, der in dem Pandämonium der Beschreibungen jener Zeitenwende den Geist und den Duft einer mitunter nahen, meist schon fernen Vergangenheit zu vergegenwärtigen sucht, vielleicht aber auch im Spiegel das eigene wandelbare Ich erkennt.

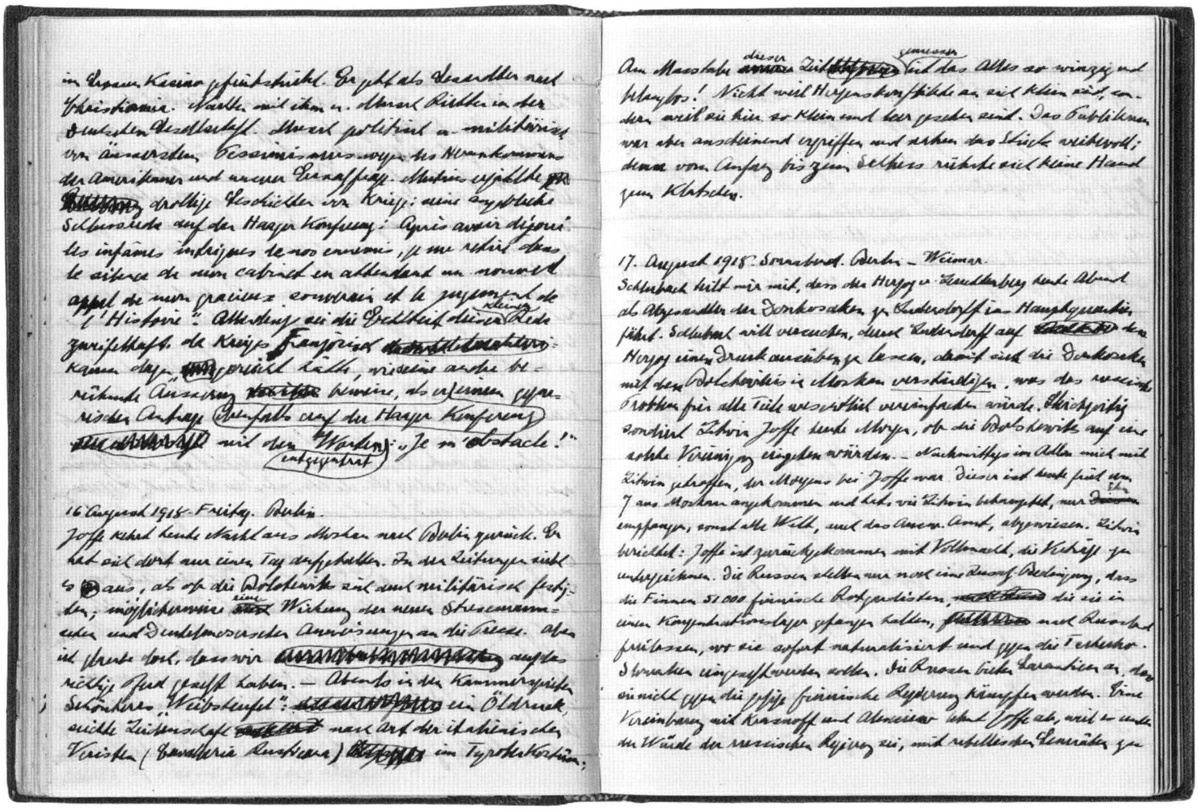

in [illegible] Kessler gefrühstückt. Er geht als Gesandter nach Christiania. Nachher mit ihm u. Maurice Richter in der Deutschen Gesellschaft. Mumm politisch u. militärisch [illegible]. Pessimismus wegen des Herankommens der Amerikaner und unserer Erschlaffung. Mutius erzählte [illegible] drollige Geschichte vor Krieg: seine [illegible] auf der Haager Konferenz: „Après avoir déjoué les infâmes intrigues de nos ennemis, je me réjouis dans le silence de mon cabinet en attendant un nouvel appel de mon gracieux souverain et le jugement de l'Histoire". Allerdings sei die Unbildung dieser kleinen Leute zweifelhaft. Als Kriegs[illegible] [illegible] kann dazu [illegible] hätte, wie eine andere berühmte Äusserung [illegible] beweise, als ein[illegible] [illegible] Antrag (ebenfalls auf der Haager Konferenz) [illegible] mit den Worten: „Je m'obstacle!" interpretiert.

16 August 1918. Freitag. Berlin
Joffe kehrt heute Nacht aus Moskau nach Berlin zurück. Er hat sich dort nur einen Tag aufgehalten. In den Zeitungen sieht es aus, als ob die Bolschewiki sich doch militärisch festigen; möglicherweise eine Wirkung der neuen Stresemann'schen und Deutelmoser'schen Anweisungen an die Presse. Aber ich glaube doch, dass wir [illegible] richtig [illegible] haben. — Abends in den Kammerspielen Schönherrs „Weibsteufel": [illegible] ein Öldruck, sichtlich Leidenschaft [illegible] nach Art der italienischen Veristen (Cavalleria Rusticana) [illegible] in Typenkostümen:

Am Maassstabe dieser Zeit gemessen [illegible] das Alles so winzig und kläglich! Nicht weil Herzensbedürfnisse an sich klein sind, sondern weil sie hier so klein und leer gesehen sind. Das Publikum war aber anscheinend ergriffen und nahm das Stück weihevoll: denn von Anfang bis zum Schluss rührte sich keine Hand zum Klatschen.

17. August 1918. Sonnabend. Berlin – Weimar.
Schlubach teilt mir mit, dass der Herzog v. Leuchtenberg heute Abend als Abgesandter der Donkosaken zu Ludendorff ins Hauptquartier fährt. Schlubach will versuchen, durch Ludendorff auf [illegible] den Herzog einen Druck auszuüben zu lassen, damit sich die Donkosaken mit den Bolschewiki in Moskau verständigen, was das russische Problem für alle Teile wesentlich vereinfachen würde. Gleichzeitig sondiert Zitron Joffe heute Morgen, ob die Bolschewiki auf eine solche Einigung eingehen würden. – Nachmittags im Adlon noch mit Zitron getroffen, der Morgens bei Joffe war. Dieser ist heute früh um 7 aus Moskau angekommen und hat, wie Zitron behauptet, nur Ihn empfangen, sonst alle Welt, auch das Auswärtige Amt, abgewiesen. Zitron berichtet: Joffe ist zurückgekommen mit Vollmacht, die Verträge zu unterzeichnen. Die Russen stellen nur noch eine Zusatz-Bedingung, dass die Finnen 51 000 finnische Rotgardisten, [illegible] die sie in einem Konzentrationslager gefangen halten, [illegible] und Russland freilassen, wo sie sofort naturalisiert und gegen die Tschecho-Slowaken eingereiht werden sollen. Die Russen bieten Garantien an, dass sie nicht gegen die jetzige finnische Regierung kämpfen werden. Eine Vereinbarung mit Krasnoff und Alexejew lehnt Joffe ab, weil es unter der Würde der russischen Regierung sei, mit rebellischen Generälen zu

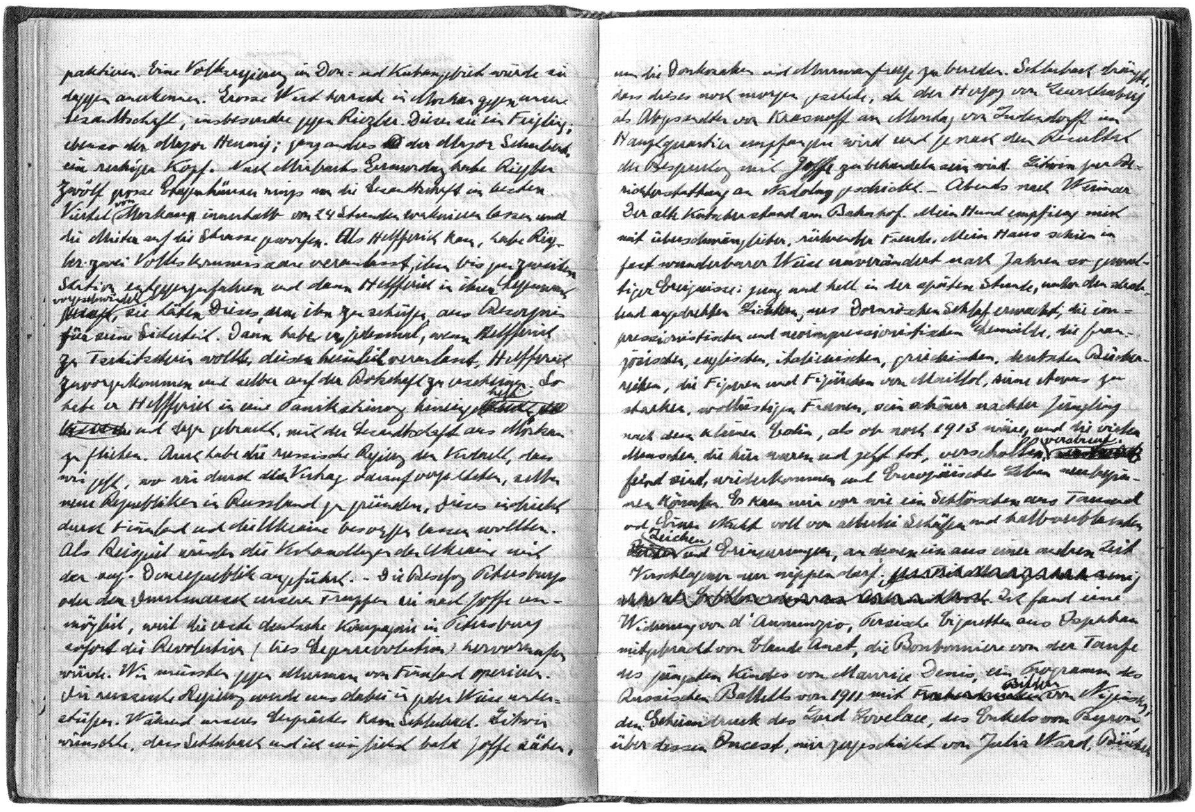

paktieren. Eine Volksregierung in Don- und Kubangebiet würde sie dagegen anerkennen. Grosse Wut herrsche in Moskau gegen unsere Gesandtschaft, insbesondere gegen Riezler. Dieser sei ein Feigling, ebenso der Major Henning; gegen andere [illegible] der Major Schubert ein ruhiger Kopf. Nach Mirbachs Ermordung habe Riezler zwölf grosse Frachtenkähne [illegible] an die Gesandtschaft in [illegible] Viertel (Moskau) innerhalb von 24 Stunden [illegible] lassen und die Möbel auf die Strasse geworfen. Als Helfferich kam, habe Riezler zwei Volkskommissare veranlasst, ihm bis zur [illegible] Station entgegenzufahren und dann Helfferich in einer Unterredung [illegible], sie hätten Briefe, dass ihm zu schicken, aus Besorgnis für seine Sicherheit. Dann habe er jedesmal, wenn Helfferich zu Tschitscherin wollte, diesen heimlich veranlasst, Helfferich zuvorzukommen und selbst auf die Botschaft zu erscheinen. So habe er Helfferich in eine Panikstimmung hineingehetzt [illegible] und dazu gebracht, mit der Gesandtschaft aus Moskau zu fliehen. Auch habe die russische Regierung den Verdacht, dass wir jetzt, wo wir durch den Vertrag darauf verpflichtet, selbst eine Republik in Russland zu gründen, dieses einfach durch Finnland und die Ukraine besorgen lassen wollten. Als Beispiel würde die Verhandlungen der Ukraine mit der [illegible]-Donrepublik angeführt. – Die Besetzung Petersburgs oder den Durchmarsch unserer Truppen sei Joffe unmöglich, weil die erste deutsche Kompagnie in Petersburg sofort die Revolution (bzw. Gegenrevolution) hervorrufen würde. Wir müssten gegen Murman von Finnland operieren. Die russische Regierung werde uns dabei in jeder Weise unterstützen. Während unseres Gesprächs kam Schlubach. Zitron wünschte, dass Schlubach und ich ein[illegible] bald Joffe sähen,

um die Donkosaken mit Murmanfrage zu bereden. Schlubach drängt, dass dieses noch morgen geschehe, da der Herzog von Leuchtenberg als Abgesandter von Krasnoff am Montag von Ludendorff im Hauptquartier empfangen wird und je nach dem Resultat der Besprechung mit Joffe zu behandeln sein wird. Zitron per Berichterstattung an Nadolny geschickt. – Abends nach Weimar. Der alte Kutscher stand am Bahnhof. Mein Hund empfing mich mit überschwänglicher, rührender Freude. Mein Haus schien in fast wunderbarer Weise unverändert nach Jahren so gewaltiger Ereignisse; ganz und hell in der späten Stunde, unter den strahlend angezündeten Lichtern, aus Dornröschenschlaf erwacht, die impressionistischen und neoimpressionistischen Gemälde, die französischen, englischen, italienischen, griechischen, deutschen Bücherreihen, die Figuren und Figürchen von Maillol, seine Akt[illegible] zu streicheln, wollüstige Frauen, sein schöner nackter Jüngling nach dem kleinen Gadin, als ob noch 1913 wäre, und die vielen Menschen, die hier waren und jetzt tot, verschollen, verstreut, feind sind, wiederkommen und Kreuzgänge [illegible] [illegible] Körper. Es kam mir vor wie ein Schlürfen aus Tausend und Einer Nacht voll von alten Schätzen und halbvergessenen Zeichen und Erinnerungen, an denen ein aus einer andern Zeit Verschlagener nur nippen darf; [illegible] [illegible]. Ich fand eine Widmung von d'Annunzio, Persische Zigaretten aus Ispahan mitgebracht von Claude Anet, die Bonbonniere von der Taufe des jüngsten Kindes von Maurice Denis, ein Programm des Russischen Balletts von 1911 mit Bildern von Nijinsky, den Scheindruck des Lord Lovelace, des Enkels von Byron über dessen Incest, eine Zuschrift von Julia Ward Howe

Allgemeine Worte. Nur wenn wir, um noch einmal Goethes Empfehlung zu bemühen, das Besondere aufrufen, mag den Worten und Bildern Kraft zuströmen, gewinnen sie Bedeutung. Ich wähle zwei Beispiele für die ausgeprägte Kunst Kesslers, im Besonderen das Allgemeine zu erfassen. Das erste Beispiel stehe für die Impressionen eines Heimkehrenden, Kesslers, der nach Jahren an der Front sein Haus betritt; das zweite für die Imagination des Untergangs einer eben noch imperialen, eben noch imposanten Ordnung, des Wilhelminischen Reichs. Als Vorwurf diene ein jedes Mal die Beschreibung eines Interieurs, des privaten Kesslers, des offiziellen Wilhelms. Ich stelle beide Impressionen bewusst unmittelbar nebeneinander.

»17. August 1918. Sonnabend. [...] Abends nach Weimar. [...] Mein Haus schien in fast wunderbarer Weise unverändert nach Jahren so gewaltiger Ereignisse: jung und hell in der späten Stunde, unter den strahlend angedrehten Lichtern, aus Dornröschen Schlaf erwacht; die impressionistischen und neoimpressionistischen Gemälde, die französischen, englischen, italienischen, griechischen, deutschen Bücherreihen, die Figuren und Figürchen von Maillol, [...] als ob es noch 1913 wäre, und die vielen Menschen, die hier waren und jetzt tot, verschollen, verstreut, feind sind, wiederkommen und Europäisches Leben neubeginnen könnten. [...] Wie ungeheuer hat sich aus jenem europäischen Leben [...] das Schicksal zusammengeballt [...]. Dass die Zeit nicht einem festeren Frieden, sondern dem Kriege zutrieb, haben wir eigentlich Alle gewusst; doch gleichfalls auch nicht gewusst.«

»Berlin, 28. Dezember 1918. Sonnabend. [...] Vor dem Frühstück mit Breitscheid das Schloss besichtigt. [...] Die Nippes Schränke des Kaisers sind leer, die Glasscheiben zerschlagen. [...] Die Privaträume, Möbel, Gebrauchsgegenstände, übriggebliebenen Andenken und Kunstobjekte der Kaiserin und des Kaisers sind aber so spiessbürgerlich nüchtern und geschmacklos, dass man keine grosse Entrüstung gegen die Plünderer aufbringt; nur Staunen [...]. Aus dieser Umwelt stammt der Weltkrieg, oder was an Schuld den Kaiser für den Weltkrieg trifft: aus dieser kitschigen, kleinlichen, mit lauter falschen Werten sich und Andere betrügenden Scheinwelt seine Urteile, Pläne, Kombinationen und Entschlüsse. [...] Jetzt liegt diese nichtige Seele hier herumgestreut als sinnloser Kram.«

Kesslers Tagebucheintrag vom 17. August 1918.

Beide Beispiele liefern eine Momentaufnahme, die nicht nur den einen Augenblick festhält, sondern durch eine Sequenz von Augenblicken eine begrenzte Dauer festschreibt, und sei es nur die brüchige Dauer eines Übergangs. Kessler versteht es meisterhaft, indem er einen Ort fixiert, die Zeit, die Zeitläufte vor Augen zu führen. Indem er erneut *détail* und *valeurs*, seine Lieblingskategorien, beschwört, beschwört er Gegenwart und Vergangenheit, mitunter sogar die Zukunft. Das ist seine erste Kunstfertigkeit als Diarist. So beschwört er mit der Abendstunde in Weimar vier Zeitstufen: »Mein Haus schien [...] unverändert«, also zeitlos. Und nun erfüllt die Vergangenheit den Augenblick: »dass die Zeit nicht einem festeren Frieden, sondern dem Kriege zutrieb«. Die Gegenwart überstrahlt die Vergangenheit: »jung und hell in der späten Stunde«. Und die Zukunft erscheint als Vision: »als ob [...] die vielen Menschen, die hier waren [...], wiederkommen und Europäisches Leben neubeginnen könnten«.

Eine zweite Kunst dürfen wir in seiner Fähigkeit erkennen, durch eine ästhetische Linienführung die Konturen einer geistigen Bewegung zu zeichnen, bestehe sie in Aufbruch oder Zusammenbruch. Diese Leistung Kesslers bringt das zweite Beispiel zur Anschauung. Hier zeigt sich die Darstellungskraft darin, die Türen zwischen sonst separierten Lebensräumen zu öffnen, sprich im Laufe der sechs, sieben Sätze der Beschreibung eines Interieurs das Ästhetische und das Moralische, das Politische und das Wirtschaftliche einander bedingend, miteinander verflochten als ein Ensemble des Lebens und als ein Urteil über ein Leben greifbar zu machen. So gelingt es Kessler, mit der Beschreibung jenes Dezemberabends vier Auffassungen des Lebens in eine Sequenz von Bildern zu verschmelzen. Des Kaisers Stadtschloss ist – ästhetisch aufgefasst – »so spiessbürgerlich nüchtern und geschmacklos«, dass es vor Augen führt – moralisch fast schon unabdingbar –, »was an Schuld den Kaiser für den Weltkrieg trifft«. Dieser – ökonomisch bewertet – wertlose »herumgestreute sinnlose Kram« deutet hin auf die – politisch unausweichliche – »Scheinwelt der Urteile, Pläne, Kombinationen und Entschlüsse« eines Obersten Kriegsherrn auf Zeit.

Dabei hat Harry Kessler, wenn er sich fast jede Nacht über sein Tagebuch beugte, nicht nur spontan notiert, sondern eben auch redigiert. Immer wieder wird der Wortlaut poliert, wird die Gedankenführung verschlankt, wird der Satzbau geschliffen. In den ersten fünf Lebenskreisen jedoch hatte er des Tags zu handeln oder sich in die Händel der Welt einzumischen versucht, um an einen Schalthebel der Politik zu gelangen, um ein Kraftfeld der Kunst zu betreten. Jetzt, in seinem letzten Lebenskreis, verarmt, dazu ausgestoßen aus dem zentralen

Sprachraum seines Lebens, sah er sich darauf beschränkt, zurückzuschauen und zu ordnen, um den Rückblick zu einem Überblick zu weiten. Noch durfte er an jenen letzten *grand dessein* glauben, an die vierbändige Autobiographie, zugleich die Biographie einer Wendezeit. Und an seine Meisterschaft, aus dem *détail* geistige Funken zu schlagen und die *valeurs* zu finden, die Zwischentöne, die nie wichtiger sind als in einer solchen Zeit des Übergangs. Für die »Welt«, nicht nur für den *haut monde*, sondern für die deutsche und die europäische, die politische und die künstlerische, war Kesslers Stimme verstummt, begann sein Bild zu verblassen.

Nicht ganz. Kaum einer seiner Beurteiler in den letzten zwei Jahrzehnten hat die außerordentliche Gabe erfasst, durch die Kessler eine Rolle zufiel, die er stets dankbar eingenommen hat: die des Redners. Nach Rudolf Borchardt ist Harry Graf Kessler der begnadetste Redner in der kurzlebigen Republik Weimars gewesen, eine oft übersehene Facette seiner an Begabungen so reichen Persönlichkeit. Jetzt, in der Zeit der Emigration, der Sprachlosigkeit, sollte er seine Stimme noch einmal unerwartet erheben können, ein rhetorischer Redakteur des Augenblicks.

Wir schreiben den 24. März 1934 und befinden uns in der Halle eines Luxushotels in Palma de Mallorca. Hermann Graf Keyserling, der weithin bekannte deutsche Philosoph, in den eigenen Augen der letzte Polyhistor der Epoche, spricht vor einem so internationalen wie exklusiven Publikum, das dem Vortrag des sprachgewaltigen Propheten entgegenfiebert; ging dieser Feldherr des Geistes doch gerne so weit, sich ad hoc einem ihm spontan vorgeschlagenen Thema zu stellen. Der deutsche Literat Albert Vigoleis Thelen erinnert sich lebhaft der Szene, wobei wir seine Neigung zum Dramatisieren in Rechnung stellen wollen: »Keyserling wollte im kleinen Saal des ›Principe‹ vor einem geladenen Kreis Weisheit aus dem Ärmel schütteln [...]. Die Erschienenen waren wirklich Crème [...]. So liebte er es. Das war große Welt, der Klangboden seiner Weisheit, die keine Grenzen kannte. [...] überall [...] duftete es nach geistiger Erregung. Schmal und wortlos drückte sich Graf Keßler durch die lärmende Schar [...]. Und wie sein Urahn Johannes aus Sankt Gallen drückte er sich aufs letzte Bänkli nieder.« Keyserling spricht frei zu dem ex tempore ihm abgeforderten Thema *La machine comme parvenu de notre siècle?* »Es war einfach genial, wie er das Thema anpackte: sofort ging er in die Tiefe [...]. Hermann gründelte nicht, er tauchte. Geheimnisse der Tiefsee [...]: das waren die Vorbilder des Parvenus auf dem festen Land [...]. Der

Beifall war stark, ehrlich und verdient.« Da erhebt sich Kessler. Ob man ihm erlaube? In vielen Sprachen bittet man ihn: »[...] und Harry begann, den Kopf ein wenig nach vorne gebeugt [...]. Stück für Stück holte Harry die Tiefseeungeheuer, Strahltiere, Medusen, Quallen an die Oberfläche, wo sie eines nach dem anderen platzen. [...] Den Gnadenstoß brauchte der eine Graf dem anderen nicht zu versetzen, das besorgten die Geladenen: sie bereiteten Conde Harry de Kessler eine donnernde Ovation, die selbst der Conde de Keyserling mit seinen Riesenpranken nicht überklatschen konnte«.

Es war mehr als ein Auftritt. Es war eine bescheidene Demonstration einiger der vielen Gaben Kesslers: seiner Contenance und seiner Courage, seines Scharfsinns für das Detail und seines Überblicks über alle Details – und der Klugheit, ohne die Kessler diese Details nicht zu der elegant geführten Waffe eines luziden Gedankengangs hätte schmieden können, mit der er dem Furioso von Assoziationen, das ihm lebenslang widerstanden hatte, begegnen konnte.

Die »Große Welt«, in den dreißiger Jahren selbst in Auflösung, vergaß ihn über seine letzten drei Lebensjahre hin. Es waren, um seine eigenen Worte zu gebrauchen, Jahre in einer »Art von Schwebezustand, der wie eine Seifenblase plötzlich platzte und spurlos verschwunden war, als die höllischen Kräfte, die in seinem Schoosse brodelten, reif waren«. Für Harry Graf Kessler begann, folgen wir Goethes Worten, »das allmähliche Zurücktreten aus der Erscheinung«.

Harry Graf Kessler als Greis im Exil.
Aufnahme vom 26. Oktober 1936.

WIELAND
HERZFELDE
TOM
SULAMITH
GEDICHTE
G
E
DI
CH
T
E
ILLONKA

Der Zeuge einer Zeitenwende

Der Übergang von einem Jahrhundert zum folgenden bedeutet nicht immer eine Zeitenwende. Die Zeitenwende, welche die beiden Generationen um 1900 erlebten, wird man vergleichen können mit derjenigen um 1500, für welche die Namen Kolumbus und Gutenberg, und mit der um 1800, für die – in Kesslers Augen – die Namen Friedrich II. und Robespierre stehen. Doch selbst von diesen Generationen des Umbruchs unterschied sich die Wende um 1900 durch ihre eigentümlich proteische Gestalt. Zum einen grassierte damals eine weitverbreitete, ja einer wachsenden Zahl von Menschen bewusste und damit umso irritierendere Nervosität. Nicht nur herausragende Gestalten wie Max Weber und Henry van de Velde, beide von Kessler früh in ihrer Bedeutung erkannt, litten unter einer »Neurasthenie«, sondern immer neuen Kranken wurde in immer neuen Kliniken die Linderung jener seelischen Leiden zu vermitteln versucht, die wir heute mit dem breiten Begriff der Depression belegen. Erst wenn wir diese Nervosität in Anschlag bringen, wird begreiflich, dass so viele Menschen einen Kriegsausbruch als erlösend empfinden konnten – und dass ein solcher Krieg erst angesichts dieser allgemeinen Disposition, nicht zuletzt infolge der Labilität der wenigen Verantwortlichen, ausbrechen konnte. Zum anderen genossen die Menschen in jenen letzten Jahrzehnten des Friedens ein noch nie empfundenes Gefühl der Sekurität, dem Stefan Zweig in seinen Erinnerungen an *Die Welt von Gestern* ein eindrucksvolles Kapitel gewidmet hat. Dieses Grundgefühl hat offenbar vielen Menschen auf fast allen Ebenen des Lebens, auf der politischen, der sozialen, der ökonomischen und der hygienischen, einen Halt geboten; nicht von ungefähr konnte man sich zum ersten Male in der Geschichte gegen die Unbill des Lebens »versichern«. Dieses Selbstbewusstsein sollte mit dem Kriegsausbruch für immer verloren gehen und fortan von den meisten Menschen so sehnsuchtsvoll erinnert werden, dass sie jene Welt von gestern zu einer goldenen verklärten.

Einbanddeckel der Vorzugsausgabe von Wieland Herzfeldes Gedichtband *Sulamith*, von George Grosz entworfen und signiert. Der Einband spiegelt die Nervosität des Zeitalters, in dem Kessler agierte.

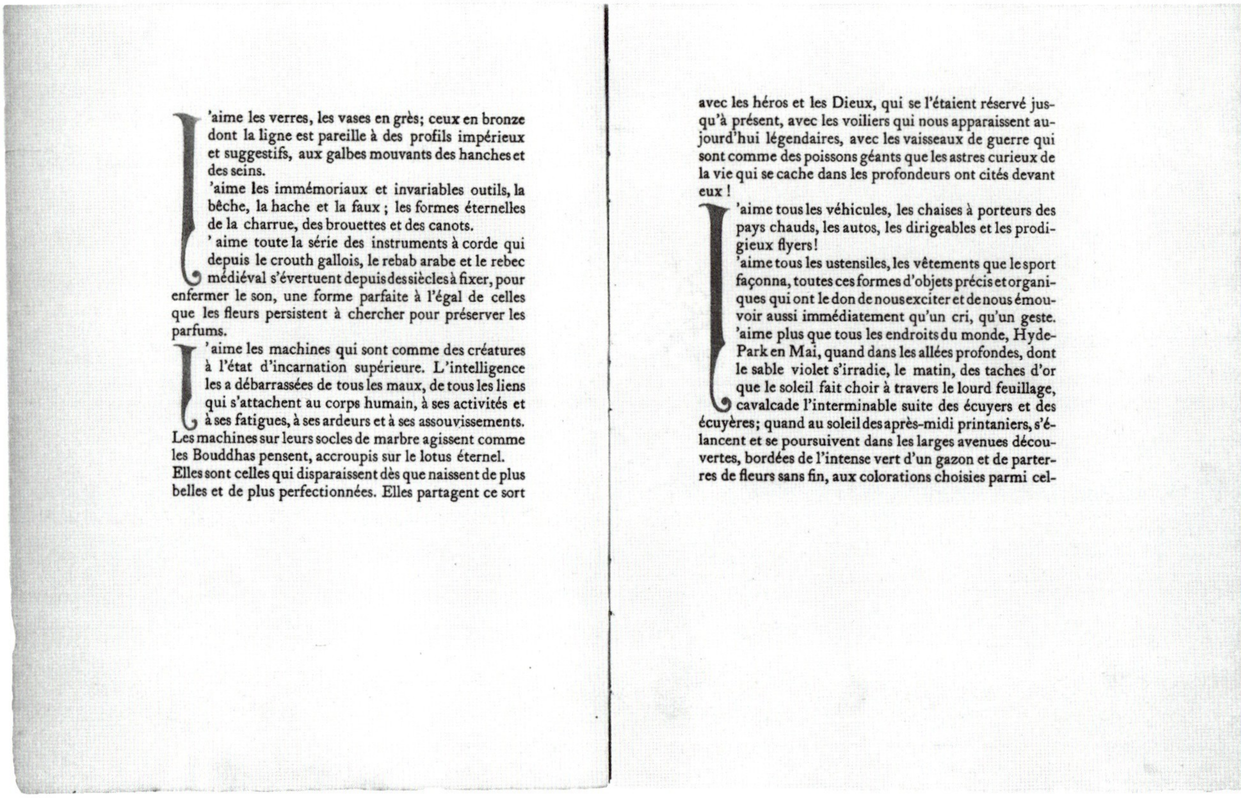

J'aime les verres, les vases en grès; ceux en bronze dont la ligne est pareille à des profils impérieux et suggestifs, aux galbes mouvants des hanches et des seins.

'aime les immémoriaux et invariables outils, la bêche, la hache et la faux ; les formes éternelles de la charrue, des brouettes et des canots.

' aime toute la série des instruments à corde qui depuis le crouth gallois, le rebab arabe et le rebec médiéval s'évertuent depuis des siècles à fixer, pour enfermer le son, une forme parfaite à l'égal de celles que les fleurs persistent à chercher pour préserver les parfums.

J'aime les machines qui sont comme des créatures à l'état d'incarnation supérieure. L'intelligence les a débarrassées de tous les maux, de tous les liens qui s'attachent au corps humain, à ses activités et à ses fatigues, à ses ardeurs et à ses assouvissements. Les machines sur leurs socles de marbre agissent comme les Bouddhas pensent, accroupis sur le lotus éternel. Elles sont celles qui disparaissent dès que naissent de plus belles et de plus perfectionnées. Elles partagent ce sort avec les héros et les Dieux, qui se l'étaient réservé jusqu'à présent, avec les voiliers qui nous apparaissent aujourd'hui légendaires, avec les vaisseaux de guerre qui sont comme des poissons géants que les astres curieux de la vie qui se cache dans les profondeurs ont cités devant eux !

J'aime tous les véhicules, les chaises à porteurs des pays chauds, les autos, les dirigeables et les prodigieux flyers!

'aime tous les ustensiles, les vêtements que le sport façonna, toutes ces formes d'objets précis et organiques qui ont le don de nous exciter et de nous émouvoir aussi immédiatement qu'un cri, qu'un geste.

'aime plus que tous les endroits du monde, Hyde-Park en Mai, quand dans les allées profondes, dont le sable violet s'irradie, le matin, des taches d'or que le soleil fait choir à travers le lourd feuillage, cavalcade l'interminable suite des écuyers et des écuyères; quand au soleil des après-midi printaniers, s'élancent et se poursuivent dans les larges avenues découvertes, bordées de l'intense vert d'un gazon et de parterres de fleurs sans fin, aux colorations choisies parmi cel-

Doppelseite von Henry van de Veldes Schrift *AMO*, die er 1915 auf der Cranach Presse druckte. Dieser Hymnus an das Leben steht für das Lebensgefühl Kesslers und seiner Freunde, die im Anbruch der Moderne den »Glanz eines Vorfrühlings« sahen.

Harry Graf Kessler hat diese beiden seelischen Kraftströme nicht nur mit seinem um Objektivität bemühten Verstand registriert, sondern er verkörperte sie. Er beschrieb in seinem Tagebuch die beunruhigende Nervosität seiner Zeitgenossen, etwa Hofmannsthals und van de Veldes, und sah in ihr das Zeichen der Zeit. Zugleich bekannte er in seinen Briefen häufig, er sei »in der Tat mit den Nerven herunter« oder er könne bei seiner »absoluten Mutlosigkeit« nicht arbeiten. Die Bilder seiner Zeit, die Kessler in seinem Tagebuch vermittelt, verdanken dieser Verschränkung von Objektivität und Subjektivität viel von ihrer Kraft und ihrem Zauber.

Nun gab es an dieser Zeitenwende, und das lässt sie im Rückblick einzigartig erscheinen, eine dritte seelische Strömung, die allerdings nur wenige ahnungsvolle Menschen erfasst hatte. Bei diesen wenigen handelte es sich einerseits um die Künstler, die wie so oft anstehende Veränderungen als erste wittern. Dann, ebenso wichtig, um »der Zukunft zugewandte« Menschen, die, wie Harry Kessler sie in seinen Erinnerungen beschrieb, »dem müden Herbst der alten Welt in diesen neunziger Jahren den Glanz eines Vorfrühlings gaben«. Woher dieser Glanz? Waren es keine Künstler, dann waren es Menschen, die, wie bereits angedeutet, mit Hilfe der Künstler ihre »Lebensatmosphäre« auf einzigartige Weise gestalten wollten.

Es gab drei Möglichkeiten, diesen Augenblick, der die Zukunft verhieß, zu bestehen. Für den Künstler: ein Kunstwerk zu schaffen. Für den Dandy: als Kunstwerk Gestalt zu gewinnen. Für das Individuum: durch die Gestaltung der Dinge, mit denen man lebte, eine ganz eigene und vor allem einheitliche Lebensatmosphäre zu schaffen. Für Kessler bedeutete das, als *homme de monde* und *homme d'esprit* über den Bogen zweier Generationen hin eine unverwechselbare Figur »zu produzieren«: als Visionär des Ästhetischen die eigenen Wohnungen in Berlin und Weimar, zudem die einer Reihe von Bekannten im Reich von Henry van de Velde entwerfen und ausstatten zu lassen. Aber vor allem: selbst ästhetisch einzigartige, der Antike und »der Zukunft zugewandte« Werke, nämlich Bücher, zu gestalten.

Dieses Bewusstsein, einen »Vorfrühling« zu erleben, entsprang einem Hochgefühl, das in faszinierender Weise Nervosität und Sekurität als die Elemente des Wechsels und des Wachstums, die einem Frühling innewohnen, aufnahm – und labile wie stabile Elemente verschmolz zu einem dynamischen Gefühl wachsender Kraft: dem überwältigenden Bewusstsein, den Aufbruch in eine »Moderne« zu erleben.

Und den Willen beflügelte, diesen Aufbruch nach Kräften zu fördern. Um 1500 hatte das Grundgefühl geherrscht, in einer unabwendbaren Endzeit zu leben. Um 1900 glaubte man zu spüren, soeben eine Endzeit erlebt zu haben, eine Endzeit ganz offensichtlich angesichts des letzten Aufgusses aller Stile, einer Neogotik, eines Neobarocks, eines Neorokokos, im Zweifelsfall eines blässlichen Klassizismus. Am 10. Juli 1903 notiert Kessler: »Die moderne Kultur verfolgt nicht den Genuss sondern die Freude [...]. Nach Freudigkeit streben Nietzsche sowohl wie Tolstoi, Vandevelde ebenso wie Monet [...]. Ein Frühling geht wieder durch die Welt, oder was fast dasselbe ist, eine Sehnsucht nach Frühling wie im 13ten Jh. [...]. In den letzten 20 Jahren hat sich allmählich unter dem Schutz der sog. modernen Bewegung eine neue Moderne krystallisiert, die jetzt selbständig heraustritt und sich von dem, was bisher ›modern‹ hiess, von Realismus, Naturalismus, Symbolismus, differenziert: die Moderne der Freudigkeit. [...] Alle alten Verkörperungen der Freude steigen empor: das Griechentum, Franz von Assisi, Goethe, alles Starke, Wahre, Helle. [...] Tiefverschieden, ja polar entgegengesetzt der Strausschen Philister Zufriedenheit, die eine Sattheit der Sinne und Phantasie ist, während im Gegenteil der schöne Hunger, d. h. das Streben und das Wollen die Freudigkeit zeugen, [...] weil auch das tiefste Elend die Bethätigung des Willens nicht hindert und es Nichts wirklich freudloses giebt, als nicht zu wollen.«

Der Krieg kappte alle Blütenträume von der »leichten Seele« eines künftigen Menschen, die Kessler immer wieder durch die Beschwörung der Antike zu festigen gesucht hatte. Der Krieg versteinerte die Nervosität zur Niedergeschlagenheit und löste die Sekurität in eine alle Lebensbereiche erfassende Verunsicherung auf. *Krieg und Zusammenbruch*, der Titel, den Kessler dem Druck seiner Kriegsbriefe gab, verrät, dass Kessler den Krieg mit seinen seelischen und materiellen Folgen nicht als Niederlage, sondern als Zusammenbruch auffasste. Aber auch als Menetekel für die alles überwuchernde Bedeutung der Wirtschaft und der Technik, die in seinen Augen den Krieg zunehmend bestimmt und letztlich entschieden hatten. Sie würden, so glaubte er, nie mehr, und gerade auch in Friedenszeiten nicht, die Dominanz ihrer verschwisterten Rollen einbüßen, vielmehr in wenigen Jahrzehnten die Macht der Politik überspielen.

Hinzu kam, dass selbst eine bittere Veränderung erträglich scheint, wenn sie als Folge auftritt, so, wie das Leben die Abfolge der Jahreszeiten und die Stufen des Alterns vorgibt. Kesslers Generation aber sah sich vor einem Zeitenbruch. Denn auf einen Frühling folgte ein Herbst, was diesen Herbst umso kälter und vor allem grauer erscheinen ließ. Wenn dies über die Kräfte sehr vieler Zeitgenossen ging, so muss man nicht von einer *lost generation*, kann eher von einer *split generation* sprechen. Kessler selbst hatte bereits zwei Jahrzehnte früher in der wichtigsten Passage seines ersten Essays, wir haben es gehört, das Wort vom »zersplitterten Menschen« geprägt. Das Grau und das Gold der zwanziger Jahre hat Kessler wie kein anderer beschrieben, ab 1933 im Exil aber nur noch die Nachrichten aus der Heimat registrieren können. Der *homme de monde* starb 1937 als ein von der Welt vergessener Mann. Der fast lebenslang rastlos Reisende sah sich am Ende seines Wegs, bar aller Mittel und damit aller Mobilität, an einen abgelegenen Gasthof der französischen Provinz gefesselt. Dabei, da er die erfolgreiche Einnistung des Nationalsozialismus im Reich akzeptieren musste, ohne Hoffnung. Nur mit, bis in die letzten Stunden seines Lebens hinein, Haltung.

Allein, eine solche Sicht, Kessler nur als Zeugen einer Zeitenwende würdigen zu wollen, wäre zu eng. Er erkannte vielmehr, dass die Wende um 1900 sehr viel tiefer reichte als die vergleichbaren um 1500 und 1800. »Politik«, so hat er in einem wenig beachteten Essay, der im März 1933 noch in S. Fischers *Neuer Rundschau* erscheinen durfte, festgestellt, »Politik ist nur noch ein Ausläufer, eine Ausstrahlung des Tiefenbebens, das die Struktur selbst der Welt verändert«. Im Vergleich seien Kriege und Zusammenbrüche der Gegenwart, ja aller Vergangenheit, »Platzregen« angesichts eines »Erdbebens«. Wodurch schien dieser ihm an sich fremde Pathos gerechtfertigt? »[...] durch das Eindringen der ungeheuren und in rasendem Tempo fortschreitenden technischen Neuerungen und ihrer Auswirkungen in den Unterbau und bis in die tiefsten Fundamente der Gesellschaft und des Geistes.« Die »vorwärtstreibende Kraft« des Nihilismus habe ihre Ursache in der von »der modernen Technik heraufgeführten, alle Gebiete des Lebens erfassenden, von Jahr zu Jahr mächtiger vordringenden Mechanisierung«.

Kessler verhehlt nicht, dass er Gedanken Nietzsches, was dessen Vorstellungen über den »Nihilismus der modernen Welt«, und Walther Rathenaus, was dessen Vorstellungen von einer »Mechanik der Seele« anbelangt, aufgriff. Er zieht aus ihren Schriften und den eigenen Erfahrungen die Schlussfolgerung, dies sei keine bloße Wende, viel weniger ein stiller Wandel, sondern bedeute »die fast restlose Vernichtung alles dessen, was bis vor kurzem der Urboden aller menschlichen

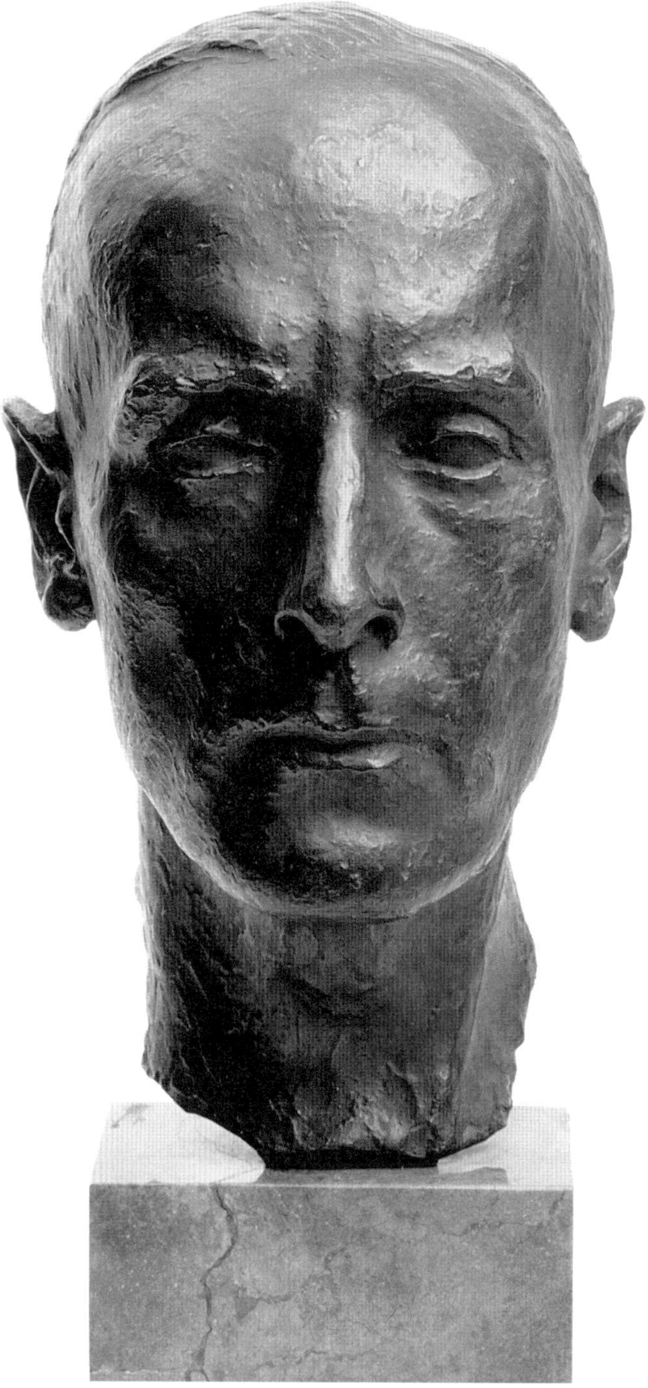

Kultur und Gesellschaft gewesen ist: der Religion, der Sitte, der überkommenen gesellschaftlichen Schichtungen und Bindungen. Man muss dieses Resultat fest ins Auge fassen, um das Problem, das unserer Zeit zur Lösung aufgegeben ist, in seiner ungeheuren Größe zu begreifen. Es handelt sich um nichts Geringeres als die Neuschöpfung des Weltgefüges; ja, darüberhinaus um die Neuschöpfung des Menschen«.

Entsprechend fiel Kesslers weiter Blick nicht zurück auf zählbare Zeitalter, sondern bis in eine Urzeit des Menschen. Was den Ausblick anbetrifft, mag angesichts der Digitalisierung des Lebens für die beiden Generationen um das Jahr 2000 der Begriff »Mechanisierung« altbacken klingen. Doch mir scheint, Kessler wird auch unserer Gegenwart gerecht. Denn er hat 1933 bereits die entscheidenden vier Akzente gesetzt, deren Realisierung uns tief verstören: die Einrichtung der Lebenswelt nach Zahlen und Zeichen. Das rasende Tempo dieser Ausrichtung allein auf Zwecke. Die Angleichung des Menschen an diese Zweckwelt im Zeichen der Zahlen. Und das »Zurückbleiben hinter ihren Erfordernissen«, wie Kessler es dem Individuum prophezeit hat. Als politisch denkender Mensch ahnte er, dass der Politik die Entmachtung durch die Gesetzmäßigkeit der Technik drohte. Aber auch als Ästhet blieb Kessler nicht in der Bewunderung für die bewegende Schönheit von Statuen befangen, etwa von Rodins *L'Age d'Airain* und Maillols *La Mediterranée*. Er forderte vielmehr eine Ästhetik der Maschine, eine Vorstellung, die den von ihm geliebten Dichtern, Hofmannsthal und Rilke, lebenslang fremd geblieben war.

Die Faszination, die Kesslers Gestalt seit fast zwei Generationen zunehmend ausübt, rührt nicht zuletzt aus seiner Fähigkeit, die eigene Generation um 1900 nicht nur mit einer Jahrhundertwende oder einem Epochenwandel konfrontiert zu sehen, sondern mit dem Anbruch eines neuen Zeitalters. Hinzu trat seine Haltung, angesichts dieses als unabwendbar erkannten Eisernen Zeitalters – symbolisiert durch Rodins Skulptur –, angesichts dieses »eisigen Winters« nicht zu resignieren, sondern selbst den Erfahrungen eines Weltkriegs zum Trotz darauf zu vertrauen, dass die Moderne sich mit einem »Frühling« angekündigt habe, der – symbolisiert durch Maillols Skulptur – auch Schönheit und Individualität ihre Kraft sichere.

Harry Graf Kessler. Bronze aus dem Jahr 1916 von Georg Kolbe, der Kesslers Kopf in eine Reihe mit den Büsten der Antike stellt, dem Zeitalter, dessen Vergegenwärtigung Kessler als notwendig für den Eintritt in die Moderne ansah.

So war Harry Kessler auf der einen Seite einer der letzten Ästheten. Für ihn war die Schönheit noch, darin folgte er dem Bekenntnis Henry van de Veldes, eine Kategorie der Kunst, die, wir haben es bereits erwähnt, in seinen Augen die Möglichkeit einer »momentanen Voll-

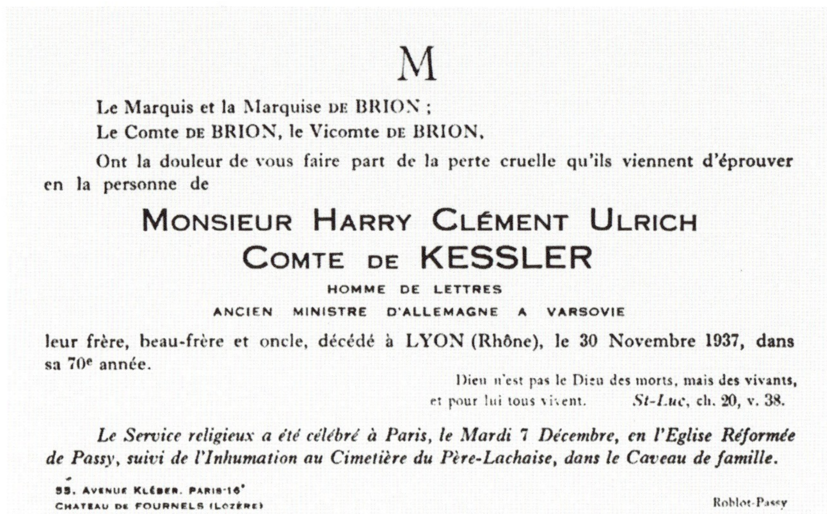

M

Le Marquis et la Marquise DE BRION ;
Le Comte DE BRION, le Vicomte DE BRION,

Ont la douleur de vous faire part de la perte cruelle qu'ils viennent d'éprouver en la personne de

MONSIEUR HARRY CLÉMENT ULRICH
COMTE DE KESSLER

HOMME DE LETTRES
ANCIEN MINISTRE D'ALLEMAGNE A VARSOVIE

leur frère, beau-frère et oncle, décédé à LYON (Rhône), le 30 Novembre 1937, dans sa 70e année.

Dieu n'est pas le Dieu des morts, mais des vivants,
et pour lui tous vivent. *St-Luc*, ch. 20, v. 38.

Le Service religieux a été célébré à Paris, le Mardi 7 Décembre, en l'Eglise Réformée de Passy, suivi de l'Inhumation au Cimetière du Père-Lachaise, dans le Caveau de famille.

55, AVENUE KLÉBER, PARIS-16e
CHATEAU DE FOURNELS (LOZÈRE)

Roblot-Passy

Das Schloss Fournels im Departement Lozère, das Kesslers Schwager, dem Marquis de Brion gehörte. Kessler verbrachte im Schloss und in einer nahegelegenen Hostellerie die letzten beiden Jahre seines Lebens in zunehmender Isolation.

Die Todesanzeige Kesslers. »Ni Maillol, ni Van de Velde, aucun peintre de cette époque«, die Kessler geliebt und gefördert hatte, seien dem Sarg gefolgt, notierte eine Zeugin. Am Gottesdienst in einer Pariser Kirche nahmen André Gide und Julien Green teil.

endung des Ichs« bot, eine Vorstellung, die bis in die Wortwahl einem Gedankengang Schopenhauers folgte. Die kühle Sachgerechtigkeit der Bauhaus-Bewegung, die kultivierte Hässlichkeit des Expressionismus interessierten ihn wohl als das jeweils immer »Neue«. Mochte ihn auch ein Max Beckmann bereits früh beeindruckt haben, Kessler hätte nie eines seiner Werke an die eigene Wand hängen wollen.

Auf der anderen Seite erkannte Kessler wie sein Zeitgenosse Proust, dass ein Zeitalter des Pferdes – Kessler war ein passionierter Reiter und nahm sein Pferd mit in den Krieg – vor seinen Augen dem Zeitalter des Automobils und des Flugzeugs, also der Maschine, endgültig hatte weichen müssen. Was ihn wiederum nicht in die Resignation eines wohlfeilen Kulturpessimismus abgleiten ließ, sondern ihm mit Erfolg abverlangte, der Maschine eine eigene Ästhetik zuzusprechen – auch hier im Einklang mit Auffassungen van de Veldes. Nun blieben das Vorstellungen Kesslers, die nur selten in der immer hässlicheren, weil öderen Umwelt unserer Tage Gestalt gefunden haben. Immerhin dürfen wir uns Frankreichs Concorde, Kubricks Raumschiffe und die Bauten einer Zaha Hadid vor Augen führen, um zu ahnen, was Kessler einst mit seiner Forderung nach »strenge« und zugleich »leichtigkeit« gemeint hat.

Diesen weiten Bogen über das »Weltgefüge« hin glaubte Kessler schlagen zu müssen, sah er doch sich und seine Zeitgenossen, einen »Übergangstyp«, nicht allein in einer Wendezeit oder an einer Zeitenwende, sondern auf dem Wendepunkt zu einer neuen Welt, die eine »Neuschöpfung des Menschen« forderte. Für eine solche Verwandlung der Welt gab Kessler einen der ersten Zeugen ab. Einen überaus hellsichtigen Zeugen, was die Verbindung von Plastik der Darstellung und Schärfe der Gedankenführung anbelangt. Einen Zeugen, der den Wandel der Zeit, ob einen beflügelnden oder einen erschreckenden, mit einer Verbindung von Ironie und Pathos darzustellen vermochte. Hierin liegt Kesslers Bedeutung: nicht nur der Schöpfer bestechend schöner Bücher, sondern einzigartiger Zeuge einer einzigartigen Zeitenwende, ja, Weltenwende gewesen zu sein. Zeuge vor allem aufgrund seines Tagebuchs, das ihn als Chronisten in eine Reihe mit Samuel Pepys, mit Varnhagen von Ense, mit den Brüdern Goncourt stellt. Wenn Harry Kesslers Leben kein glückliches gewesen ist und als Leben beileibe kein Kunstwerk darstellt, so ist es doch ein fruchtbares, man darf sagen: nicht nur ein unverwechselbares, sondern ein bedeutendes gewesen – und gewiss kein, verrechnet man Gaben und Geben miteinander, versäumtes.

Zeittafel zu Harry Graf Kesslers Leben und Werk

1868 Am 23. Mai kommt Harry Clément Ulrich Kessler als Sohn des Bankiers Adolf Wilhelm Kessler und seiner irischen Frau Harriet, geborene Baroness Blosse-Lynch, in Paris zur Welt.

1878–1888 Die Schulzeit: Harry besucht für zwei Jahre ein französisches Lycée, für weitere zwei Jahre ein Internat, die St. George's School in Ascot, für sechs Jahre das Gymnasium Johanneum in Hamburg, wo er im August 1888 das Abitur besteht.

1881 Nachdem sie im Jahre 1878 geadelt wurde, wird die Familie Kessler 1881, nur drei Jahre später, gegraft.

1888 Jurastudium in Bonn, ab 1889 in Leipzig, wo Kessler im Herbst das Examen als Referendar ablegt.

1892/93 Freiwilligenjahr bei dem feudalen Regiment der Dritten Garde-Ulanen in Potsdam.

1894 Erste juristische Staatsprüfung und Promotion, danach Referendarsausbildung.

1895 Harry Kessler tritt dem Aufsichtsrat der Genossenschaft *PAN* bei und nimmt aktiv an der Redaktion der Zeitschrift teil, die den Deutschen den Zugang zu Literatur und Kunst der internationalen Moderne eröffnen will.

1898 Nach einer mehrmonatigen Reise erscheint als Kesslers erstes Buch *Notizen über Mexico*, ein Achtungserfolg.

1900 Kessler legt nach einem so langwierigen wie gelangweilten Studium von sieben Jahren das Assessor-Examen ab.

1903 Ende März übernimmt Kessler die Leitung des Großherzoglichen Museums für Kunst und Kunstgewerbe in Weimar.

1904 Im März Ausstellung der Bilder von Manet, Monet, Renoir und Cézanne, im Juli gefolgt von einer Ausstellung der Skulpturen Rodins, beide Höhepunkte seines Programms.

1905 Mitte November fühlt sich Kessler auf einem Höhepunkt seiner Wirkungsmöglichkeiten zugunsten einer »Erneuerung Deutscher Kultur«.

1906 Im November reicht Kessler aufgrund eines Skandals um eine Aktzeichnung, die Rodin dem Großherzog gewidmet hatte, den Abschied ein.

1908 Im Mai Reise mit Maillol und Hofmannsthal nach Griechenland.

1909 Intensive Arbeit mit Hofmannsthal am Libretto des *Rosenkavaliers.*

1913 Gründung der Cranach Presse in Weimar mit einer Werkstatt und drei Angestellten.

1914 Am 27. Mai wird in Paris die von Kessler konzipierte und von Richard Strauss vertonte *Josephslegende* durch die *Ballets Russes* uraufgeführt und zu einem rauschenden Erfolg.

1914–1918 Bei Kriegsausbruch wird Kessler – als Reserveoffizier Kommandeur der II. Artillerie-Munitionskolonne des Garde-Reservekorps – zuerst in Belgien stationiert, ab Dezember 1914 als Ordonnanzoffizier an die Karpatenfront versetzt, ab September 1916 auf eigenen Wunsch als Leiter der deutschen Kulturpropaganda der Botschaft in Bern zugewiesen.

1918 Von Mitte November bis Mitte Dezember fungiert Kessler als erster deutscher Gesandter in Warschau.

1920 Kessler publiziert seine *Richtlinien für einen wahren Völkerbund.*

1922 Kessler präsidiert der Deutschen Friedensgesellschaft.

1924 Erfolglose Kandidatur für die Deutsche Demokratische Partei bei den Reichstagswahlen.

1926 Nach dreizehnjähriger Arbeit erscheint in der Cranach Presse die deutsche Ausgabe der *Eclogen* Vergils mit Holzschnitten von Maillol, gestaltet von Kessler.

1928 Nach einjähriger Arbeit erscheint Kesslers Biographie Walther Rathenaus bei S. Fischer und wird ein weithin akklamierter Erfolg. Im Juli erfolgt eine dramatische Expansion der Cranach Presse durch die Neueinstellung von acht Mitarbeitern und die Neubeschaffung von drei Handpressen.

1930 Die deutsche und die englische Ausgabe des *Hamlet* mit Holzschnitten von Edward Gordon Craig, gestaltet von Kessler, erscheint.

1931 Im Sommer erscheinen die deutsche, die englische und die französische Ausgabe des *Hohelieds* mit Holzstichen von Eric Gill, gestaltet von Kessler, und in rascher Folge drei weitere Drucke der Cranach Presse. Am 31. Oktober muss Kessler die Cranach Presse angesichts des hohen Aufwands und der infolge der bedrückenden wirtschaftlichen Gesamtlage geringen Nachfrage schließen.

1932 Kessler konzentriert sich auf die Abfassung des ersten von vier geplanten Bänden seiner Autobiographie, *Gesichter und Zeiten.*

1933 Am 19. Februar präsidiert Kessler in Berlin dem Kongress »Das freie Wort«, der von der Polizei abgebrochen wird.
Im März emigriert Kessler zuerst nach Paris, im November nach Mallorca.

1935 Vorabdrucke einzelner Kapitel des zweiten Bands von Kesslers Erinnerungen erscheinen in S. Fischers *Neuer Rundschau.*

1936 Die französische, von Kessler bearbeitete und erweiterte Version des ersten Bands der Erinnerungen, *Souvenirs d'un Européen*, erscheint im Verlag Librairie Plon.

1937 Rückkehr nach Frankreich in eine Dorfherberge bei Pontanevaux nahe dem Schloss seiner Schwester Wilma im Burgund.
Am 30. Oktober stirbt Harry Graf Kessler im Krankenhaus von Lyon an Herzversagen.
Am 4. Dezember wird er auf dem Friedhof Père Lachaise in Paris beigesetzt.

Auswahlbibliographie

Quellen

Die Grundlage für eine Beurteilung von Kesslers Denken und seiner Darstellungskunst über den Wandel von fast fünf Jahrzehnten hin bietet die seit 2004 in bisher acht von neun Bänden erschienene Ausgabe der Tagebücher: Harry Graf Kessler: *Das Tagebuch 1880–1937.* Herausgegeben von Roland S. Kamzelak und Ulrich Ott. Bände 2–9, Stuttgart, 2004 ff. Eine umfassende und unentbehrliche Edition.

Die kluge Auswahl aus den Tagebüchern, die Wolfgang Pfeiffer-Belli 1961 herausgegeben hat, wird ein Markstein der Rezeption Kesslers bleiben, zumal sie nach einem Vierteljahrhundert des Schweigens das Bild Kesslers wiederaufgerichtet hat: Harry Graf Kessler: *Tagebücher 1918–1937.* Herausgegeben von Wolfgang Pfeiffer-Belli. Frankfurt am Main 1961 (1995 als Insel-Taschenbuch).

Kesslers literarische Werke wurden einem breiten Publikum vermittelt durch eine Maßstäbe setzende dreibändige Ausgabe: Harry Graf Kessler: *Gesammelte Schriften in drei Bänden.* Herausgegeben von Cornelia Blasberg und Gerhard Schuster. Frankfurt am Main 1988. Die Ausgabe umfasst den ersten und einzigen Band von Kesslers Erinnerungen, *Gesichter und Zeiten*, und die noch immer als ein großer Essay unübertroffene Biographie Walther Rathenaus. Der dritte Band enthält eine vollständige Sammlung seiner Essays.

Literatur

Vier Biographien Kesslers liegen bislang vor:
Burkhard Stenzel: *Harry Graf Kessler. Ein Leben zwischen Kultur und Politik.* Weimar 1995.
Peter Grupp: *Harry Graf Kessler 1868–1937. Eine Biographie.* München 1995.
Laird McLeod Easton: *Der rote Graf. Harry Graf Kessler und seine Zeit.* Stuttgart 2005.

Friedrich Rothe: *Harry Graf Kessler.* München 2008.
Das umfassendste Bild vermittelt Easton, das einfühlsamste Grupp.

Wichtige Aspekte werden durch zwei Werke eröffnet:
Eine aus vielen Einblicken zusammengesetzte Übersicht vermittelt der Katalog zu der ersten und bisher einzigen großen, von Gerhard Schuster kuratierten Ausstellung über Kessler, die 1988 im Schiller-Nationalmuseum in Marbach stattfand: *Harry Graf Kessler. Tagebuch eines Weltmannes.* Herausgegeben von Gerhard Schuster und Margot Pehle. Marbach 1988 (Marbacher Katalog 43).
Zwölf vorzügliche Studien vereinigt die Aufsatzsammlung:
Harry Graf Kessler: Ein Wegbereiter der Moderne. Herausgegeben von Gerhard Neumann und Günter Schnitzler. Freiburg im Breisgau 1997.

Der Vielseitigkeit von Kesslers Interessen entsprechen intensive Einzelstudien, so etwa zu seiner Kunstauffassung:
Das Buch als Kunstwerk. Die Cranach Presse des Grafen Harry Kessler. Herausgegeben von John Dieter Brinks. Laubach 2003.
Tamara Barzantny: *Harry Graf Kessler und das Theater.* Autor, Mäzen, Initiator 1900–1933. Köln u. a. 2002.
Alexandre Kostka: *Das »Gesamtkunstwerk für alle Sinne«.* In: *Harry Graf Kessler. Ein Wegbereiter der Moderne.* Herausgegeben von G. Neumann und G. Schnitzler. Freiburg im Breisgau 1997, S. 109–134.

Bildnachweis

S. 8 Klassik Stiftung Weimar / Goethe- und Schiller-Archiv, GSA 101/488; S. 10, 12 (l.), 14, 30 (l.), 36, 40, 44 (o.), 62, 74, 86 Deutsches Literaturarchiv Marbach; S. 12 (r.), 26, 32, 42, 46, 50, 53, 56, 57, 70, 80, 82, 88 (u.) Archiv des Triton Verlags Laubach und Berlin; S. 16 ullstein bild; S. 18, 78 ullstein bild / Roger-Viollet / Albert Harlingue; S. 20 bpk / Nationalgalerie, SMB / Bernd Kuhnert; S. 22 Klassik Stiftung Weimar, Forschungsprojekt Henry van de Velde; S. 24 bpk / Nationalgalerie, SMB / Jörg P. Anders; S. 28, 34 Bildarchiv Foto Marburg; S. 30 (r.) Universitätsbibliothek Johann Christian Senckenberg Frankfurt am Main; S. 44 (u.) aus: Harry Graf Kessler: *Die Kinderhölle in Berlin.* Berlin 1924 [*Die Deutsche Nation*, Sonderheft]; S. 52 Klassik Stiftung Weimar / Herzogin Anna Amalia Bibliothek, Fotothek; S. 60 VG Bildkunst, Bonn 2015 / Museum Folkwang, Essen, Fotografische Sammlung; S. 64 Klassik Stiftung Weimar / Nietzsche-Archiv GSA 72/798; S. 66 Fonds van de Velde. ENSAV / La Chambre, Bruxelles; S. 68 Bundesarchiv Bild 102-02342 / Georg Pahl

Autor und Verlag haben sich redlich bemüht, für alle Abbildungen die entsprechenden Rechteinhaber zu ermitteln. Falls Rechteinhaber übersehen wurden oder nicht ausfindig gemacht werden konnten, so geschah dies nicht absichtsvoll. Wir bitten in diesem Fall um entsprechende Nachricht an den Verlag.

Impressum

Gestaltungskonzept: *Groothuis, Lohfert, Consorten, Hamburg | glcons.de*

Layout und Satz: *Angelika Bardou,* Deutscher Kunstverlag

Reproduktionen: *Birgit Gric,* Deutscher Kunstverlag

Lektorat: *Michael Rölcke,* Berlin

Gesetzt aus der *Minion Pro*

Gedruckt auf *Lessebo Design*

Druck und Bindung: *Grafisches Centrum Cuno, Calbe*

Umschlagabbildung: Harry Graf Kessler in Williamstown, Sommer 1923. © Deutsches Literaturarchiv Marbach

Bibliografische Information der Deutschen Nationalbibliothek
Die Deutsche Nationalbibliothek verzeichnet diese Publikation in der Deutschen Nationalbibliografie; detaillierte bibliografische Daten sind im Internet über http://dnb.dnb.de abrufbar.

Deutscher Kunstverlag Berlin München
Paul-Lincke-Ufer 34
D-10999 Berlin
www.deutscherkunstverlag.de

ISBN 978-3-422-07294-7